육도삼략

● 세상을 리드해 나갈 사람이 꼭 보아야 하는 책

6가지 지혜로
3가지 전략을 얻어라

6가지 지혜로
3가지 전략를 얻어라

초판 1쇄 인쇄 - 2017년 4월 15일

지은이- 태공망 황석공
편   저- 조인묵
편집 제작 - 행복을 만드는 세상
출판 - 행복을 만드는 세상
발행인 - 이영달
출판등록 - 제6-806호
서울시 동대문구 신설동 97-8
마켓팅부 - 경기도 고양시 일산 동구 성석동 567
전화 - 02) 902-2073
Fax - 02) 902-2074

ISBN 978-89-92535-91-5 (03150)

육도삼략

세상을 리드해 나갈 사람이 꼭 보아야 하는 책

6가지 지혜로
3가지 전략을 얻어라

태공망 황석공 지음
조인묵 편저

행복을만드는세상

머리말

　육도와 삼략은 중국을 대표하는 병법서인 무경칠서武經七書 손자, 오자, 울료자, 사마법, 이위공문대, 육도, 삼략) 중 하나이다.

　육도는 문왕과 무왕의 물음을 강태공이 대답하는 문답형식으로 구성되어 있다. 이 책은 강태공 여상의 저서로 알려져 있지만, 실제는 위, 진, 남북조 시대에 저술되었다는 설이 가장 유력하다.

　육도의 내용은 문도文韜, 무도武韜, 용도龍韜, 호도虎韜, 표도豹韜, 견도犬韜 등 6편篇으로 나뉘어져 있으며 모두 60장으로 되어 있다. 문도, 무도, 용도는 정치와 관련된 전략서이고 호도, 표도, 견도는 실전과 관련된 전술서이다. 문도는 문교文教에 의한 병법이란 뜻인데, 전쟁 이전에 훌륭한 정치를 베푸는 것만이 승전할 수 있다는 최선의 병법을 논한 것이고, 무도는 군사적 승리를 위한 거국일치의 방법을 논한 것이고, 용도는 작전수행에 있어 장수의 자질을 논하고 이와 함께 상이한 능력을 가진 지휘관들을 골고루 활용하는 유기적인 조직체계와 전장에서의 공세와 기습, 승패의 전망을 논하고 있다. 호도는 무기, 진법, 속진법, 행군, 지형, 진퇴, 화공 등 전술의 허실虛實에 대해 논했고, 표도는 숲, 산, 들, 늪, 고지 등에서의 조우전遭遇戰 전술과 복병伏兵, 그리고 정공 正攻의 허실에 대해 논했고, 견도는 보병, 기병 등의 편제와 전투방법을 비롯해 나아가고 물러섬, 수비와 통제, 지휘방법, 이기고 패하는 전술의 정도 正道를 논하고 있다.

삼략은 한고조 유방의 참모인 장자방이 젊은 시절 황석공이란 신비스러운 노인에게 이 책을 전수받았다는 전설 때문에 황석공 삼략 黃石公三略으로도 불리고 있다. 뭇 사람들은 이 책 역시 강태공의 저서라고 하지만, 실제는 후한에서 수나라 사이에 저술된 것으로 추측하고 있다.

삼략이란 제목은 '세 가지 책략'을 말하는데, 상략 上略, 중략 中略, 하략 下略 등 3편으로 구성되어 있으며, 모두 4,000여 자로 되어 있는 적은 분량이다. 병서라고 하지만 다른 병서와의 차이점은 전쟁이나 용병의 전술을 논한 것이 아니다. 즉 고서 古書를 인용한 것으로 천도 天道를 따르고 현인 賢人을 등용시키며, 인재人才를 선발하는 것 등을 다루고 있다.

이번에 출간하게 되는 육도삼략은 누구나 쉽게 읽을 수 있고 일상생활에서 활용할 수 있도록 풀이 되어 있기 때문에 독자 여러분들에게 많은 도움이 될 것으로 생각된다.

이 시대에 꼭 읽어봐야 할 필독서 입니다

　내가 조인묵 국장을 특별히 좋아하는 이유가 있습니다. 그는 현실에 안주하지 않고 늘 자신이 맡은 일에 최고가 되려고 고민하며 최선을 다합니다. 또한 직장 동료들에게 진실하게 대하며 세심한 배려를 합니다. 이런 아름다운 심성을 가졌기 때문에 이 책을 쓸 수 있었을 것입니다.

　우리가 사회에 나와서 겪어야 할 모든 생활과 업무와 밀접한 관계가 있는 사람은 바로 직장이나 단체 등에 속해 있어서 자주 접하게 되는 사람들입니다. 어떤 직장의 팀장이나 책임자가 팀원이나 사람들을 어떻게 다루느냐에 따라 단체나 팀이 발전하고 자신은 인정받고 나아가 회사나 단체는 성장하는 것입니다. 어떤 단체이건 간에 책임 있는 사람은 통솔하는 지혜와 계략을 펼칠 수 있는 용병술이 반드시 필요합니다. 이 책은 이런 용병술에 맞게 누구나 쉽게 읽을 수 있도록 주옥같은 원문과 그에 따른 쉬운 해석을 곁들였으며 재미있는 예제로 구성되어 있습니다.

　『육도六韜』는 중국 주나라 태공망 여상呂尙이 문왕과 무왕에게 병법과 군주의 정치자세를 전해주는 내용으로 문도文韜, 무도武韜 등 6권 60편으로 되어 있습니다.

　문文은 인의仁義와 도덕道德을 숭상해 백성들을 교화시켜줌과 동시에 백성들에게 인정(仁政)을 베풀어 화합과 경제적 부강을 누리게 한다는 것이 목적입니다. 따라서 강태공은 나라를 다스리려면 반드시 문文과 무武의 조화가 필요하다고 했습니다. 이것이 바로 '인재육성과 활용' 을 말하고 있는 것입니다.

『三略』에서 三은 上·中·下의 3卷을 말하고 략略은 모략謀略을 말합니다. 『한서漢書』「예문지藝文志」에 보면, '장량張良과 한신韓信이 병법兵法을 차례로 엮은 것이 182가家인데, 여기서 사용할 수 있는 것만 35가家로 추려서 만들었다.' 고 했습니다.

이 책의 가치는 역사적으로 어떤 기능을 발휘해왔는가에 있습니다. 또한 『손자孫子』나 『오자吳子』와 나란히 역대 병법가들의 교과서 구실을 한 점입니다. 더구나 무경칠서武經七書 중의 하나로 유가儒家에서 사서오경四書五經과 같은 가치를 가졌으며, 병가兵家의 경전으로서 매우 소중하게 취급되었던 것입니다.

이 책은 비록 기원전의 병법서이지만, 그 내용은 현대인들의 처세술에 많은 도움이 될 수 있는 필독서이기도 합니다.

조인묵 국장이 쓴 책이 인생의 나침판이 될 수 있기를 기대하며 육도삼략 '6가지 지혜로 3가지 전략을 얻어라' 를 많은 이들에게 추천합니다.

강원도지사 최문순

참으로 귀한 책입니다

저는 조인묵 박사에 대한 깊은 인상을 잊지 않고 있습니다. 2015년 여름 조 박사가 강원도인재개발원장으로 있을 때 교육생들에게 특강을 부탁한 적이 있어 오랜 만에 교육원에서 만났습니다. 그는 당시 숭실대학교 박사과정 중이었으며 『북한이탈주민의 민주시민교육을 통한 삶의 관점 변화 분석』이란 박사논문을 마무리하고 있었습니다. 남과 북이 통일되면 북한이탈주민의 역할이 아주 중요한데 조 박사는 이 분야에 깊은 관심을 갖고 있었습니다. 훌륭한 북한전문가가 될 것으로 기대하고 있습니다. 이번에 책을 쓰게 된 이야기를 듣고 본문을 정독하면서 '이 시대에 맞는 고민을 하는 진정한 관료 중의 한 사람이구나'를 다시 한 번 실감하였습니다.

『육도삼략六韜三略』은 원래 각각 존재하는 책으로 『육도六韜』는 태공망太公望 여상呂尙이 저술한 병서로 전략의 교묘함과 졸렬함은 전쟁의 승패를 좌우하기 때문에 냉철하고 정확한 판단이 필요하다는 것을 강조하였고, 『삼략三略』은 황석공黃石公이 저술한 책으로 한나라 고조를 섬겼던 군사 장량張良이 활용했다는 병법서입니다. 장량이 다리에서 어떤 노인(황석공)에게 받았다는 전설이 전해지고 있지만, 제작 시기는 수隋나라 때인 6세기로 추정됩니다.

『육도六韜』와 『삼략三略』 모두 『손자병법孫子兵法』과 마찬가지로 고대 중국에서 이름을 떨친 유명한 병서입니다. 하지만 이 책은 아이러니컬하게도 손자병법처럼 싸우지 않고 승리(무혈승리)하는 것이 원칙이라는 공통점을 지니고 있습니다.

어쨌든 병법학의 최고로 알려진 무경칠서武經七書에 속하는 두 가지 책으로 우리에게 많은 지혜와 교훈을 던져주는 책 입니다. 더구나 생존경쟁이 치열한 현대사회에 살고 있는 우리들에게 반드시 필요한 처세술 응용에도 많은 도움이 되고 있는 필독서이기도 합니다.

다시 말해 이 책은 고대 중국의 각 나라가 배경이기 때문에 나 자신을 작은 나라로 생각해 내 삶을 다양한 방면으로 적용해보면, 미래에 대한 나 자신의 승패에 대해 가늠해볼 수 있는 계기도 될 것으로 생각됩니다.

또한 자신이 위기에 처한 나라의 왕으로 생각해 나 자신이라면 어떻게 헤쳐 나갈 것인지에 대해 한번쯤 생각해보는 것도 사회생활에 보탬이 될 것입니다. 이와 유사한 본문 내용 한편을 소개해 봅니다.

'군주가 천하의 이로움을 백성들과 함께한다면 천하를 얻겠고, 천하의 이로움을 군주가 독차지한다면 반드시 천하를 잃게 된다.' 이것은 태공망의 주옥같은 말로 현대사회를 살아가는 모든 사람들은 자신의 발전이나 큰 인물이 되기 위해서는 언제 어떤 상황에서든 항상 마음에 담아 두어야 할 것입니다.

前행정안전부장관

강 병 규

무도武韜
　– 싸우지 않고 이기는 비결

용도 龍韜
－ 조직통솔의 비결

호도虎韜
– 본진에 대한 공격 비결

표도 豹韜
– 임기응변의 비결

견도犬韜
– 집중, 분산, 움직임의 비결

Part 2 삼략 三略

상략 上略
– 약하지만 강함을 이기는 비결

중략 中略
- 사람의 지혜를 살리는 비결

하략 下略
– 예측하지 못하는 일에 대비하는 비결

Part 01
六韜

중국 주나라 태공망 여상呂尚이 지었다는

병서兵書로

문도文韜, 무도武韜, 용도龍韜, 호도虎韜, 표도豹韜, 견도犬韜 등

6권 60편으로 구성되어 있다.

문도 文韜

인재 육성의 활용 비결

리더는 혼란한 정세政勢 해결에 사사로운 감정 개입을 삼가야 한다.

凡兵之道 莫過於一
범 병 지 도 막 과 어 일

【原文】 무릇 용병用兵의 방법은 한결같음에 지나지 않는다.

손자孫子는

"빼어난 지휘관은 맹사 솔연率然이다."

라고 했다.

손자가 이렇게 칭송한 이유는 다음과 같다.

"솔연은 상산常山의 뱀인데, 머리를 공격하면 꼬리가 먼저 공격한다. 꼬리를 공격하면 머리가 먼저 공격한다. 배를 공격하면 머리와 꼬리가 동시에 공격한다."

이것을 풀이하면, 맹사 솔연은 몸통이 하나이기 때문에 적이 공격할 때 몸통 전체로 방어하거나 싸울 수 있기 때문에 승리할 수가 있다는 뜻이다.

만약 전쟁터에서 군사들이 지휘관의 명령에 따라 일사불란一絲不亂하게 움직이지 않는다면 아무리 뛰어난 명장이라도 승리할 수가 없다.

그래서 태공망은 무왕武王의 물음에 대해 일사불란한 행동의 중요성을 강조했던 것이다.

태공망이 이렇게 말했다.

"다수가 한사람처럼 일사불란하게 움직인다면 적들이 감히 공격하지 못할 것입니다. 그래서 '황제의 통일된 용병술엔 막힘이 없어 신처럼 천변만화와 함께 기회를 포착해 여세를 몰아 역량을 발휘한다. 하지만 이것을 완성시키는 것은 군주의 손에 달렸다'고 했습니다."

군주가 오합지졸을 일사불란하게 움직였던 예는 오왕 부차에게 패한 월왕 구천이 와신상담臥薪嘗膽해 오나라를 멸망시킨 것이다.

인간들은 큰 정세에 처했을 때 사사로운 감정이나 정념, 사상까지 바꾸면서 문제를 해결하려고 한다. 그렇지만 군자는 정세를 조성해 그것에 따라 자신의 의지를 관철시켜 오합지졸을 하나의 공동체로 움직이게 만들 수 있어야 한다는 것이다.

강하면 강할수록 자신의 빈틈을 빈틈없이 숨겨야 지도자로 성공한다.

兵勝之術 密察敵人之機 而速乘其利復 疾擊其不意
병 승 지 술　밀 찰 적 인 지 기　이 속 승 기 이 복　질 격 기 불 의

【原文】 전쟁에서 승리하는 방법은 적의 기밀을 은밀히 관찰하고 유리한 틈을 재빨리 파악한 다음 적이 예상하지 못한 곳을 급습하는 것이다.

태공망은 무왕에게

"전쟁에서 이기는 방법은 적의 동태를 먼저 살핀 다음 유리함을 잘 활용해 불의에 습격하면 됩니다."

라고 했다.

후한 광무제 건무 6년 4월. 유수는 경감과 개연 등을 비롯해 7명의 장군에게 관중에서 농서까지 점령한 외효를 진압하라고 명령했다. 외효는 산세가 험한 농산에 진을 구축하고 이들을 기다렸다. 후한 군사들은 위하渭河 골짜기를 따라 산을 넘고 있었다. 하지만 산세가 험난해 후한군사들은 적과 싸우기도 전에 힘이 모두 빠져버렸다. 이때 외효 군사들의 공격을 받아 참패를 당해 관중으로 퇴각하고 말았다.

건무 8년 봄. 유수는 내흡에게 군사 2천명을 내줘 산중턱을 깎게 했다. 그런 다음 번수番須와 회중回中에서 외효군 후방진지가 있는 약양까지 공격해 본진 기현箕縣을 압박했다. 후방

진지인 약양을 빼앗긴 외효는 이렇게 중얼거렸다.

"음~, 유수의 전법이 기발하구나!"

유수는 승전보를 받고 기뻐하면서 말했다.

"약양은 외효가 가장 중요하게 생각하는 후방진지이다. 우리는 외효의 배와 가슴 같은 중요한 요새를 얻었기 때문에 손발 자르기는 시간문제다."

약양을 빼앗긴 외효는 위기에서 탈출하기 위해 전군을 동원해 총공격할 것이 분명하다고 생각한 유수는 그의 대군을 지치게 하는 전략을 편다면 승리할 수 있을 것으로 판단했다. 그의 작전대로 외효가 농산 동쪽요새로 장수들을 보내 방어선을 구축했다. 그런 다음 군사들에게 산을 깎아 제방을 만들게 하고 물을 채워 성을 감쌌다.

얼마 후 외효의 공격이 격렬했지만, 내흡은 군사들과 함께 성문을 굳게 잠그고 꼼짝도 하지 않았다. 하지만 외효 군사들은 몇 달을 공격했지만, 성을 함락시키지 못해 사기가 떨어졌다. 더구나 주력부대가 약양에서 발이 묶여 꼼짝달싹할 수가 없었다.

유수는 이런 상황을 판단해 군사들에게 총공격을 명했다. 공격방향은 농산 동쪽을 피해 외효가 예상하지 못했던 약양 후방인 기현이었다. 이 공격으로 적군 10만여 명이 포로가 되었고 여기서 패한 외효는 멸망하고 말았다.

이처럼 적의 약점을 활용해 불시에 공격하는 것은 많은 병법가들의 공통된 의견이다.

리더는 여섯 가지 도적과 일곱 가지 해악에서 벗어나야 한다.

故王人者 有六賊七害
고 왕 인 자 유 육 적 칠 해

【原文】 그러므로 백성의 임금 된 자에겐 여섯 가지 나쁜 일六賊과 일곱 가지 나쁜 사람七害이 따른다.

문왕이 물었다.

"임금은 어떤 자를 위에 두고 어떤 자를 아래에 두어야 하며, 무엇을 취하고 무엇을 배제시켜야하며, 무엇을 금하고 무엇을 멈추게 해야 하오?"

태공망이 말했다.

"현인을 위쪽에 두고 못나고 어리석은 자를 아래에 두며, 충성하고 성실한 자를 얻고 속이거나 거짓이 능한 자를 배척하며, 표리부동에 포악하거나 난을 일으키는 자를 막고 사치하는 마음을 가져서는 안 됩니다. 그러므로 백성의 임금이 된 자에겐 여섯 가지 도적六賊과 일곱 가지 피해七害가 있습니다."

문왕이 물었다.

"그럼 육적과 칠해를 피할 방도는 어떤 것이오?"

태공망이 말했다.

"육적은 첫째 신하된 자가 큰 저택과 정원을 짓고 음곡가무를 즐기는 것은 임금의 덕을 손상시키는 것입니다. 둘째 백성이 농사와 누에치기에 전념하지 않고 제 마음대로 행동하고 국법을 무시하는 것은 임금의 덕행을 손상시키는 것입니다. 셋째 신하 가운데 붕당朋黨을 조성해 현명한 자와 지혜로운 자를 배척시켜 임금의 판단력을 가로막는(흐리게 함) 것은 임금의 권력을 손상시키는 것입니다. 넷째 신하 스스로가 반항과 위세로 외국의 제후와 교제하면서 임금을 가볍게 보는 것은 임금의 위엄을 손상시키는 것입니다. 다섯째 신하가 벼슬을 가볍게 여기고 담당 관리를 무시하며, 윗사람을 위해 어려운 일을 감당하는 것을 창피하게 생각하는 것은 공신의 노고를 손상시키는 것입니다. 여섯째 권력이 강한 종친이 앞 다투어 가난하고 약한 백성들을 능멸하는 것은 백성들의 생업을 손상시키는 것이다.

칠해는 첫째 지략이나 책략도 없는 사람이 상과 높은 벼슬을 탐내 전쟁에서 적당하게 싸워 요행으로 승리를 바라는 자를 장수將帥로 등용시키지 말아야 합니다. 둘째 좋은 평판과는 달리 허세만 있고 유언비어를 날조하며, 남의 장점을 무시하고 단점만 들춰내며, 나갈 때와 들어올 때 말이 다른 자와는 일을 도모하지 말아야 합니다. 셋째 겉으로 검소하게 보이려고 허술한 옷을 입고 욕심이 없음을 가장하는 위선자를 멀리해야 합니다. 넷째 관모와 띠를 기이하게 차려입고 듣고 보는 것이 해박하며, 말재주가 좋아 허황된 논의를 주장하고 선한 얼굴로 겉치장해 곤궁한 곳에 살면서 시속時俗을 비방하는 자를 믿지 말아야 합니다. 다섯째 모략과 아첨으로 벼슬을 얻고 과감하게 죽음을 가볍게 여기면서까지 녹봉과 관직을 욕심내며, 큰 계획도 없이 이익만 챙기려 행동하고 고상한 말과 허황된 의논으로 임금을 기만하는 자는 등용시키지 말아야 합니다. 여섯째 조각한 문식文飾과 아름다운 새김과 뛰어난 기술로 화려하게 물건을 만들어 농사를 해치게 하는 자는 반드시 금지시켜야 합니다. 일곱째 요술, 주술, 거짓예언으로 백성을 현혹시키는 자는 반드시 차단해야 합니다.

다음은 육적과 칠해에 대한 예를 들어보겠다.

'화가 날 땐 화를 내야하고 잘라야할 땐 과감히 잘라야 한다. 화가 났을 때 화를 내지 않으면 간신만 득실거린다. 목숨을 거둬들일 때 거둬들이지 않으면 큰 적을 키우게 된다.'

높은 자리에 앉을수록 때와 장소에 알맞은 판단과 언행이 중요하다는 것을 태공망이 강조한 것이다.

강한 리더의 통치술은 서슴없는 실행으로 후환을 제거하는 것이다.

日中不彗 是謂失時 操刀不割 失利之期
일 중 부 혜 시 위 실 시 조 도 부 할 실 이 지 기

【原文】 해가 중천에 있을 때(뜨거울 때) 물건을 말리지 않음은 때를 잃었다는 것이고, 칼을 잡고도 베지 않음은 쉬운 기회를 놓치는 것이고, 도끼를 잡고도 곧바로 치지 않음은 후에 반드시 나를 해치는 사람이 찾아온다.

초나라에서 큰 자라를 잡아 정鄭나라 영공靈公에게 선물했는데, 영공은 요리사 숙수에게 맛있는 요리를 만들도록 했다.

이때 공자가公子家와 공자송公子宋 등이 입궐하고 있었는데, 공자송의 집게손가락이 갑자기 떨렸다. 이에 공자송은 빙그레 웃으며 말했다.

"이보게 공자가. 손가락 떨림증상이 있는 날에는 반드시 귀한 음식을 먹게 된다네."

얼마 후 공자송의 예견대로 두 사람은 귀한 자라요리를 먹으면서 그저 웃기만 했다. 이들을 본 영공이 웃는 까닭을 묻자, 공자가가 솔직하게 공자송의 집게손가락 예견을 말했다.

하지만 이 말을 들은 영공은 몹시 불쾌했다.

그것은 영공 자신의 일을 미리 예견했다는 것에 대한 불경스러움이었다. 영공은 모든 신하들에게 자라요리를 골고루 나

뉘주었지만, 공자송에겐 먹지 말것을 명했다. 그 이유는 공자송의 집게손가락 예견보다 자신이 마음대로 좌지우지할 수 있다는 힘의 논리를 보여주기 위함이었다.

이에 공자송은 마음속으로 굴욕과 분노가 끓어올랐지만, 인내하면서 자라를 요리한 솥바닥에 남아 있는 국물을 손가락으로 찍어 빨면서 퇴청했다. 이것은 자신의 굴욕과 분노를 표출한 작은 항의였는데, 이때 그의 행동을 본 영공은 화를 벌컥 냈다.

"저런, 되먹지 못한 불경한 놈 같으니라고! 당장 죽여 버리겠다!"

영공은 이렇게 호통했지만 곧바로 그를 죽이지 않았다.

퇴청 후 공자송은 죽음을 면하기 위한 대책을 공자가에게 물었다. 하지만 공자가는 그 대책에 대해 전혀 말해주지 않았다. 화가 난 공자송은 공자가의 모든 비밀을 영공에게 폭로하겠다는 협박으로 그를 영공시해에 가담시켰다. 결국 이들은 영공을 시해하고 말았다.

이 사건으로 식지동食指動 즉 '집게손가락이 움직인다.' '집게손가락을 움직이게 한다.' 는 고사성어가 생겼다. 그래서 이 말은 '욕심을 부린다.' '야심을 품는다.' 로 인용되고 있다.

만약 영공이 공자송에게 '죽여 버리겠다.' 는 말을 하지 않았다면 시해되지 않았을 것이다.

그래서 태공망은 "해가 중천에 있을 때(뜨거울 때) 물건을 말리지 않음은 때를 잃었다는 것이고, 칼을 잡고도 베지 않음은

쉬운 기회를 놓치는 것이고, 도끼를 잡고도 치지 않음은 후에
반드시 나를 해하는 사람이 찾아온다.' 라고 했던 것이다.

리더의 언행은 여유가, 얼굴엔 위엄이 있어야 부하들이 충성한다.

善與而不爭 虛心平志 待物而正
선 여 이 부 쟁   허 심 평 지   대 물 이 정

【原文】 착해서 주는 것을 잘하고 다툼이 없으며, 마음을 비워 뜻을 평등하게 하여 재물대함에 바르게 해야 한다.

문왕이 물었다.

"윗자리(군주)에 있을 때 어떻게 행동해야 하오?"

이에 태공망은 대답했다.

"서둘지 말고 차분하게 마음을 안정시켜 망령되게 행동하지 말아야 하며, 온화한 표정에 절도가 깃들어 있어야 하고 자세가 흐트러지지 않아야 하며, 골고루 평등하게 나눠주어야 하고 아랫사람과의 이권다툼이 없어야 합니다. 숨김없이 솔직하게 말해야 하고 다른 사람의 말을 경청해야 하고 개인적인 일을 시키지 말아야 하고 부정한 일을 멀리해야 하고 사람들을 대할 때는 편견을 가져서는 안 됩니다."

물론 옛날이나 지금이나 신이 아닌 이상 위에 열거한 내용들을 지킨다는 것은 매우 어렵다. 하지만 군자나 신분상승이나 계급이 올라갈수록 이런 마음을 잊지 말고 노력해야만 대성할 수 있는 것이다.

다음은 어느 대기업에서 근무하고 있는 유능한 H부장의 일화이다. H는 빠른 두뇌와 일사불란한 업무처리로 회사에 많은 영업이익을 창출한 주인공이다. 이처럼 유능한 사람이지만, 나쁜 버릇을 소유하고 있었다. 그것은 매일 퇴근 후 상사로서의 명령으로 부하들을 집합시켜 '포커' 게임을 벌였던 것이다.

이것은 상사로서의 위엄을 보여주기 위한 하나의 수단이나 방법일지는 모르겠지만, 결국 한사람의 잘못된 버릇일 수밖에 없다.

특히 그는 포커게임에서 돈을 잃게 되면 그것을 채울 때까지 시간을 연장하거나 판돈을 키웠다. 이런 불리한 조건에서의 게임은 결국 부하들이 희생되고 부장이 승리할 수밖에 없었다. 이것은 위의 내용에 나오는 '아랫사람과의 이권다툼이 없어야 한다' 말과 배치된다. 즉 이들의 행동은 부장과 부하와의 이익을 다투는 상황인 것이다.

한마디로 아무리 유능한 부장일지라도 그의 밑에서는 훌륭한 부하가 성장할 수가 없다. 결국 H부장은 회사에서 대성하지 못하고 퇴출되었다.

모든 사람을 평등하게 생각하는 지도자에겐 훌륭한 인재들이 모인다.

利而勿害 成而勿敗 生而勿殺 予而勿奪
이 이 물 해 성 이 물 패 생 이 물 살 여 이 물 탈

樂而勿苦 喜而勿怒
락 이 물 고 희 이 물 노

【原文】 이롭게 해준 다음 해하지 말고, 이루게 해준 다음 무너뜨리지 말고, 살려준 다음 죽이지 말고, 준 다음 빼앗지 말고, 즐겁게 해준 다음 괴롭히지 말고, 기쁨을 준 다음 분노케 하지 말아야 한다.

이 문장 앞에 문왕과 태공망이 주고받은 내용은 다음과 같다.

"나라를 다스리는 큰일에 있어서 군주의 권위를 높이고 백성들을 평안하게 해주는 방법은 어떤 것이 있겠소?"

이에 태공망은 대답했다.

"나라를 다스리는 큰일은 오로지 백성을 사랑하는 것뿐입니다."

"그대가 말하는 백성을 사랑한다는 것은 어떤 것이오?"

태공망의 대답이다.

"밭과 집을 골고루 나눠준 다음 해하지 말며, 이루게 해준 다음 자연스런 방법으로 편안하게 해주며, 훼손한 다음 허물

어뜨리지 말며, 낳거나 기르는 법을 가르친 다음 살해하거나 해하지 말며, 은혜를 넉넉하게 준 다음 함부로 침범해 손해를 끼치거나 빼앗지 말며, 평안하고 기쁜 마음으로 위로한 다음 수고스럽고 힘들게 하지 말며, 지극히 기뻐喜悅하는 마음을 성취시켜준 다음 화나게 하지 말아야 합니다."

태공망의 대답을 풀이하면 다음과 같다.

백성들 스스로가 사업을 통해 이익을 창출하도록 하여 개개인이 충분하게 살아갈 수 있도록 리드(군주)가 앞장서서 이끌어주어야 하며, 실패하는 정책을 실시해 망치게 해서는 안 된다. 더구나 수탈을 금지시키고 백성들이 여유를 가지고 휴식을 즐길 수 있는 문화공간도 있어야한다는 것으로 풀이 된다.

리더의 명성은 훌륭한 참모 발굴에 좌우된다.

君子樂得其志 小人樂得其事
군자낙득기지 소인낙득기사

> 【原文】 군자는 자신의 뜻과 맞는 것을 얻음에 즐거워하고, 소인은 오직 자신의 눈 앞 일이 성사됨을 즐기는 것이다.

이것은 주周나라 시조 문왕文王과 주나라 건국 밑그림을 그린 태공망太公望 여상呂尙과의 첫 만남에서 나눈 대화이지만, 그 내용을 현대적 감각으로 풀어보면 면접관과 면접자 사이에 나눈 훌륭한 대화라고 할 수 있다. 전체 내용을 보면, 문왕은 미리 점을 친 다음 사냥을 핑계 삼아 일부로 위수 강으로 갔고 태공망 역시 자신의 점괘에 따라 낚시를 핑계로 위수 강에서 문왕을 기다렸던 것이다.

두 사람의 대화를 살펴보면,

"그대는 낚시를 무척 좋아하는 것 같구려?"

"군자는 자신의 뜻과 맞는 것을 얻음에 즐거워하고, 소인은 오로지 눈 앞의 고기를 얻음에 만족한답니다. 저의 낚시질과 매우 비슷하지요."

"그대가 말하는 비슷함이란 무엇을 의미하는 것이요?"

"낚시에는 권도權道와 비교해 3가지 기본원칙이 존재합니다."

"그렇다면 그대가 말하는 낚시와 비교한 권도 3가지 기본원칙은 어떤 것들이요?"

"첫 번째는 낚싯밥으로 물고기를 낚는 것인데, 이것은 녹봉을 차등 지급해 인재를 취하는 권도이고, 두 번째는 질이 좋은 낚싯밥 밑에는 틀림없이 죽는 물고기가 있는 것인데, 이것은 결사적으로 싸우는 병사 순으로 많은 녹봉을 차등 지급하는 권도이고, 세 번째는 물고기의 크고 작음에 따라 쓰임이 각각 다른 것인데, 이것은 인재에 따라 차등 등용시켜는 권도입니다."

두 사람의 대화에서 알 수 있듯이 태공망은 이미 기울고 있는 은般왕조를 퇴출시키고 새로운 제국건설에 대한 자신의 야망을 우회적으로 나타낸 것이다. 그가 여기서 생각한 것은,

'큰일을 성공시키기 위해서는 소탐대실하거나 일희일비하지 말고, 높은 보수를 앞세워 훌륭한 인재를 발굴한 다음, 발굴한 인재를 적재적소에 배치시켜야 한다' 는 것이었다.

한마디로 태공망은 훌륭한 인재를 선발하기 위해서는 풍부한 물적 투자가 뒷받침 되어야만 성공한다는 것을 강조한 것이다.

민심을 집중시키기 위해서는 민심을 잘 헤아려야만 한다.

同天下之利者 則得天下 壇天下之利者 則失天下
동 천 하 지 이 자 즉 특 천 하 단 천 하 지 이 자 즉 실 천 하

【原文】 군주가 천하의 이로움을 백성들과 함께한다면 천하를 얻겠고, 천하의 이로움을 군주가 독차지한다면 반드시 천하를 잃게 된다.

이 문장은 주의 문왕이 이렇게 묻자 그에 대한 대공망의 대답이었다.

"그대 생각에 어떤 방법으로 백성들의 민심을 집중시켜야 천하를 얻을 수가 있겠소?"

물자가 부족한 옛날보다 물자가 풍부한 사회에 살고 있는 현대인들로선 지나가는 말로 여길 수도 있을 것이다. 그렇지만 여기에 들어 있는 심오한 뜻을 우리의 속담 '남의 손에 있는 떡이 더 크고 맛있게 보인다.'와 비교해보면 쉽게 이해될 것이다.

태공망은 이 문장에 앞서 이렇게 말했다.

"성인聖人의 득德이란 정말 미묘한 것이기 때문에 성인 스스로는 얼마든지 볼 수가 있습니다. 하지만 성인의 득은 깊고 오묘하기 때문에 다른 사람이 이것을 가늠하거나 헤아릴 수가 없습니다."

문왕이 또다시 물었다.

"백성의 인심을 배양하고 나라를 다스림을 어떤 식으로 해야만, 천하 백성들이 모여들어 복종하겠습니까?"

태공망이 말했다.

"하늘에는 때(세월과 시간)가 존재하고 땅에는 재물이 있기 때문에 때와 재물을 얻어 백성들과 함께 재물을 구하고 백성들과 함께 하는 것을 인仁이라고 합니다. 인이 있는 곳이라면 항상 천하 백성들의 인심이 자연스럽게 따라오게 됩니다. 누구나 알다시피 모든 백성들이 죽음을 싫어하고 사는 것을 좋아하며, 득德을 좇아 좋아하고 이로운 곳으로 돌아가지요. 능히 이로움을 생산하는 것은 도道이기 때문에 도道가 있는 곳에는 반드시 천하가 돌아오게 됩니다."

또 태공망은 말했다.

"백성들의 근심을 함께 나누고 기쁨도 함께 나누며, 싫어함 역시 함께 나누는 것들이 바로 의義라고 합니다. 해방시키며 갈등을 해결해주는 것을 덕德이라고 합니다."

이어 태공망이 말했다.

"백성들과 괴로움을 함께하고 기쁨을 함께 즐기고 싫어함을 함께 나누는 것이 바로 의義이기 때문에 의가 존재하는 곳이라면 천하의 인심人心이 함께 따라오는 것입니다. 모든 백성들은 죽음을 싫어하고 삶을 기뻐하며, 덕을 좋아하고 이로운 곳으로 따라갑니다. 능히 이로운 것을 생산하는 것이 바로 도道이기 때문에 도가 행해지는 곳이라면 천하의 사람들이 돌아오게 될 것입니다."

　이 내용은 육도六韜에 나오는 태공망의 최고 명언 중의 하나
이다. 하지만 현대사회를 살아가는 사람들은 도덕을 가볍고
우습게 생각하는 경향이 많다. 이에 현대인들에게 시급한 것
은 자신의 발전이나 대성하기 위해서는 언제 어디에서든지 도
덕적인 관념을 가진다는 마음의 자세가 매우 중요하다.

인재등용의 조건은 빈부귀천貧富貴賤 없는 평등함이 최우선이다.

敬其衆 合其親
경기중 합기친

【原文】 군중을 공경하고 친족을 합친다.

문왕이 물었다.

"무엇을 인仁과 의義라고 하오?"

태공망이 말했다.

"'군중을 공경하고 친족을 모으는 것입니다. 군중을 공경하면 서로 뜻이 맞고 친족을 모으면 서로 즐거워하기 때문에 이것을 '인의仁義의 기강紀綱'이라고 합니다. 인仁은 사랑이고 의義는 마땅함이기 때문에 군중을 공경하고 친족을 모으는 것입니다. 이것은 인의仁義의 용用이지 인의仁義의 본바탕은 아닙니다."

제齊나라 맹상군孟嘗君은 자신의 재산을 털어 많은 빈객들을 초빙해 대접했다. 그 결과 천하의 인재들이 모여 들면서 식객 수가 수천 명이나 되었다. 더구나 식객을 대접할 때는 언제나 자신과 동등하게 대했다.

어느 날 밤, 맹상군이 여느 때와 다름없이 빈객들과 야식을 즐기고 있었는데, 누군가가 등을 가리는 바람에 그가 먹고 있는 야식 쪽이 어두워졌다. 이를 본 빈객 한사람이 차별을 감추기 위해 등을 가렸다며 화를 냈다.

그러자 맹상군은 그 빈객으로 하여금 자신의 야식과 빈객의 야식을 비교토록 했다. 이에 그 빈객은 자신이 오해했음을 알고 그 자리에서 자결하고 말았다. 이 소문이 천하로 퍼져나가면서 수많은 인재들이 맹상군을 사모한 나머지 그의 문하생으로 모여들었다.

이 소문을 들은 진秦나라 소왕昭王은 맹상군을 재상으로 등용시키려고 초청했다. 하지만 대신들은 제나라 왕족인 맹상군을 등용시키면 자신의 나라 국익에만 몰두하기 때문에 위험하다고 반대했다. 이 말에 넘어간 소왕은 재상임명을 취소하고 그를 죽이려고 했다.

이것을 알아차린 맹상군은 소왕 애첩에게 몰래 사람을 보냈다. 그러자 그녀는

"당신이 아끼는 호백구를 준다면 들어주겠다."

는 조건을 달았다. 하지만 맹상군은 소왕을 처음 알현했을 때 호백구를 이미 진상한 후였다. 진퇴양난에 빠진 맹상군은 빈객들에게 이런 상황을 의논했지만 뾰족한 수가 없었다.

이때 그의 빈객으로 있던 도둑이 나서면서

"상공, 제가 호백구를 찾아오겠습니다."

라고 했다. 그날 밤 그 도둑은 소왕 궁궐로 잠입해 호백구를 훔쳐냈다. 맹상군은 이것을 애첩에게 선물했고 그녀는 소왕을

구슬려 맹상군을 위기에서 탈출시켰다.

　맹상군은 진을 탈출해 국경관문인 함곡관函谷關에 도착했지만, 시각이 한밤중이었다. 이곳은 규칙상 첫닭이 울어야 사람들을 통과시키는 것이었다. 맹상군이 안절부절못하고 있을 때 빈객 중 닭울음소리를 잘 내는 사람이 앞으로 나와 닭울음소리를 내자 근처의 닭들이 일제히 울기 시작했다. 이 도움으로 맹상군은 무사히 함곡관을 통과해 제나라로 돌아왔다.

　지난 날 맹상군은 도둑과 닭울음소리를 잘 내는 두 사람을 빈객으로 맞이했을 때, 다른 빈객들이 그들을 무시한 나머지 모두 자리를 피했었다. 그렇지만 맹상군이 그들의 도움을 받은 뒤부터 그들을 무시하는 빈객들이 없었다.

　상사로서 부하들을 무관심하게 대하거나 계급의 구별을 무시한 행동은 결국 부하들에게 왕따나 팽을 당하게 된다. 그렇기 때문에 자신의 위치에 맞는 언행과 위엄이야말로 지도자로써 갖춰야할 덕목인 것이다.

화복禍福의 갈림길은 지도자의 마음가짐에 달려 있다.

禍福在君　不在天時
화 복 재 군 　 복 재 천 시

【原文】 화禍와 복福은 군주가 백성들에게 어떤 마음가짐으로 행하느냐에 따라 갈려진다.

문왕이 물었다.

"천하가 평화로움이 넓게 퍼지면서 한번은 흥하고 한번은 망하고, 한번은 잘 다스려지고 한번은 혼란해지는데, 이건 어떤 이유 때문이오? 혹 군주가 현명하거나, 현명하지 못함에 차이가 있어서 그런 것이오? 아니면 천시天時(하늘)의 변화가 자연섭리라서 그런 것이오?"

태공망이 말했다.

"군주가 어질지 못하면 나라 전체가 위기에 놓이고 불안한 백성들은 반란을 일삼지요. 군주가 어질다면 나라가 편안하고 안정되어 백성들이 잘 다스려지기 때문에 화禍와 복福은 군주가 백성들을 위해 어떻게 행하느냐에 따라 달려 있는 것으로 천시天時(하늘)와는 아무런 관계가 없습니다."

조나라를 예로 들면, 조나라는 거북점에서 나온 '대길'이란 점괘를 믿고 진나라를 공격했다. 하지만 전쟁에서 참패했고 급기야 영토까지 빼앗기는 수모까지 당했다. 더구나 조나라 도양왕은 이로 인한 화병으로 죽고 말았다.

이것은 운이나 점괘에 의지하는 것이 아니라 오로지 군주의 행함에 따라 나라의 흥망이 좌우된다는 것을 말해주고 있다.

촉蜀나라 망제望帝는 백성들에게 자연의 섭리에 맞춰 경작에 필요한 치수를 가르쳤다. 하지만 홍수로 인해 경작은 많은 피해를 입었다.

어느 덧 세월이 흘러 나이가 든 망제는 제위를 별령에게 이양하고 서산西山으로 은거했다. 하지만 별령은 망제의 은혜를 저버리고 그의 아내를 취하고 말았다. 이 소식을 들은 망제는 아연실색하고 나날이 슬픔으로 잠겼다가 임종을 앞두고 자신의 애환을 두견에게 말했다.

"두견아, 두견아. 울고 울어 내 안타까운 심정을 모든 백성들에게 전해다오."

망제의 유언을 들은 두견은 밤낮으로 울다가 피를 토하고 죽고 말았다.

비록 현명하지 못한 군주일지라도 자연적으로 번영이 따르고, 총명한 군주일지라도 비참한 최후를 맞이하는 것은 결국 하늘의 뜻에 달려 있다.

리더의 방심은 곧 나라 전체가 혼란에 빠진다.

見善而怠 時至而疑 知非而處 此三者 道之所止也
견선이태 시지이의 지비이처 차삼자 도지소지야

【原文】 선善을 보고도 태만하고 기회가 왔지만 의심해 망설이며, 잘못인줄 알면서 아무런 조치가 없을 때는 도道가 멈추게 된다.

　세월이 흘러 나이가 든 문왕은 깊은 병마에 시달리고 있었다. 문왕은 태공망을 급히 불렀고 이 자리에 태자 발發(무왕)이 자리를 지키고 있었다. 문왕은 이 자리에서 태자에게 유언을 한 다음 태공망에게 물었다.

　"선성인先聖人의 도道가 멈추는 것과 일어나는 것을 말해 줄 수 있겠소?"

　이에 대한 태공망의 대답은 위에 있는 원문이다.

　옛날이나 지금이나 모든 사람들은 자신이 처해진 현실이 영원하다는 환상과 착각에 빠져 살고 있다. 그래서 무겁고 중대한 일이 발생해도 해결은커녕 다양한 구실을 갖다 붙여 뒤로 미룬다. 이것은 자신이 출세할 수 있는 기회를 놓치는 것이다.

　우리 인간이 죽지 않고 영원히 산다면, 놓친 기회라도 여유롭게 기다리면 언젠가는 찾아올 것이다. 하지만 인간은 100

세가 되기도 전에 언젠가는 죽게 마련이다. 그렇기 때문에 찾아온 기회를 놓치지 않고 반드시 잡아야만 성공할 수 있는 것이다.

맹자 등문공에 보면 다음과 같은 일화가 소개되어 있다.

'어느 마을에 닭 도둑이 살고 있었다. 그는 습관적으로 매일 닭 한 마리를 훔쳐야만 스트레스가 풀렸다. 그의 도벽을 알고 있는 친구가 그에게 이런 충고를 했다.

"친구, 닭 도둑질을 여기서 멈추게나. 자네의 도둑질은 인간으로써 할 짓이 아니라네."

이 말에 닭 도둑은 도둑질을 그만두겠다고 생각하고는 이렇게 말했다.

"자네의 충고대로 오늘부터 당장 닭 도둑질을 하지 않겠네. 하지만 오래된 도벽습관을 당장 그만둔다는 것이 쉽지가 않네. 그래서 말인데, 하루 한 마리에서 한 달에 한 마리로 줄여서 훔치겠네. 그러면 일 년이 지나면 도벽이 완전히 없어지지 않겠나."

이것은 하나의 우화지만, 잘못 된 일은 미루지 말고 즉시 개선하는 것이야말로 성공의 길목이라고 생각한다.

참모의 숨김없고 거리낌 없는 말을 충언으로 듣는 리더가 되어야 한다.

言語應待者 情之飾也 言至情者 事之極也
언 어 응 대 자 정 지 식 야 언 지 정 자 사 지 극 야

【原文】 말로써 사람을 응대한다는 것은 정情을 치장하는 것이고, 정을 얘기하는 것은 일의 지극함을 말하는 것이다.

이것은 문왕이

"실정 實情은 어떤 것이요?"

라고 묻자, 태공망이 대답한 대목이다. 이에 앞서 태공망은 이렇게 말했다.

"샘의 근원이 깊어지면 자연적으로 물이 넓게 흐르면서 좋은 물고기가 살게 되는 것이 실정(이치)입니다. 나무의 뿌리가 깊게 박히면 나무가 자라 좋은 열매가 많이 맺히는 것이 실정(이치)입니다. 만약 훌륭한 군자의 정이 서로 같다면 더더욱 친해져 서로가 합해지면서 큰일이 생기게 되는 것이 실정입니다. 정情은 성性에서 나오고 언어와 응대 모두는 정의 문식 文飾이기 때문에 정을 말하는 것 역시 일의 지극함입니다. 저의 말이 교만하고 방사 放肆하기 때문에 숨기거나 거리낌이 없어 임금께선 싫어할 것입니다."

이 내용은 태공망이 당연한 실정을 얘기하면서도 문왕 文王이

싫어할까봐 염려했기 때문에 이것으로 미리 가설을 세웠던 것이다.

태공망은 세치의 혀 놀림에서 비롯되는 아부나 아첨에 넘어가지 않는 지에 대해 문왕을 시험한 대목으로 생각된다. 만약 문왕이 태공망의 말에 화를 내거나 들으려고 하지 않았다면 두 사람의 관계는 이것으로 끝났을 것이다. 한마디로 문왕이 남의 말에 혹하는 팔랑 귀를 가졌다면 주나라를 대국으로 발전시킬 수 없었을 것이다. 그래서 언어에 대한 대응에서 진실이야 말로 매우 중요한 것이라는 것을 강조했던 것이다.

임금(사주)이 환상으로 나라(회사)를 운영한다면 백성(사원) 또한 그 환상이란 최면에 걸려 있다는 것을 말해주고 있다.

리더는 오늘의 기쁨보다 내일의 불행에 항상 대비해야 한다.

夫存者非存 在於慮亡 樂者非樂 在於慮殃
부 존 자 비 존　재 어 려 망　락 자 비 락　재 어 려 앙

【原文】 이른바 보존은 보존에 빠지는 것이 아니고 망함을 염려함에 달려 있으며, 기쁨은 기쁨을 탐하는 것이 아니라 재앙[殃禍]을 염려함에 달려 있다.

쓴 것이 끝나면 단 것이 오고, 흥이 다하면 슬픔이 온다는 사자성어 '고진감래苦盡甘來, 흥진비래興盡悲來'가 있다. 쉽게 풀어보면, 어려운 일이 끝나면 좋은 일이 찾아오고, 좋은 일이 끝나면 어려운 일이 찾아온다는 자연의 이치를 설명하고 있다.

하지만 옛날이나 지금이나 사람들은 '오늘도 어제와 같고 내일도 오늘과 같다'는 반복적인 삶에 빠져 오늘이 끝없이 지속된다는 최면에 걸려 살고 있다.

원문은 태공망이 존재는 존재 자체가 아니라 언제 다가올지 모르는 멸망에 초점을 두고 말한 것이다.

앞에서 언급한 사자성어 의미처럼 즐거움은 즐기는 자체가 아닌 즐거움이 끝난 뒤 언제 다가올지 모르는 불행을 염두에 두고 이것을 대비한 다음 정치적, 군사적 판단을 내린 태공망은 이렇게 말했다.

"은殷나라 주왕紂王은 나라가 잘 다스려진다는 것만 생각할

뿐, 그 다음에 반드시 다가올 멸망에 대해선 생각하지 않습니다. 그래서 주왕은 매일 향락에 빠져 살뿐, 내일의 불행을 알지 못했습니다."

이것은 문왕에게 은나라를 공격하라는 간접적인 간언이었다.

사기史記에는 당시 은나라 주왕에 대해 이렇게 평하고 있다. '주왕은 두뇌가 총명해 이해력이 빨랐고 뛰어난 재능까지 갖추고 있었다. 또 맨손으로 맹수와 격투하거나 몇 마리의 소가 끄는 수레를 뒤에서 당길 정도로 대단한 힘을 가진 장사였기도 했다. 그는 간사한 말을 물리칠 정도로 지식이 풍부했고 자신의 단점을 보완하는 언변도 있었다. 왕성한 기력으로 스스로를 강하게 만들었다. 천하에는 자신보다 우수한 인물이 없다며 자신을 '천왕天王'으로 지칭했던 것이다.

이후 주왕은 주색잡기에 여념이 없던 중 달기를 만나 사랑에 빠지게 되었다. 이때부터 주왕은 그녀를 위해서라면 물불을 가리지 않고 무엇이든 했다.

이를 비방하는 사람에겐 포락형(기름 바른 구리기둥을 뻘겋게 피운 숯불 위에 걸쳐놓고 맨발로 위를 걷게 하는 것)에 처했다. 하지만 충신 조이組伊는 이에 아랑곳하지 않고 이렇게 충언했다.

"폐하, 임금이 음란하고 잔학한 일에 앞장선다면 스스로 천명을 끊는 것이 됩니다. 백성들은 이구동성으로 '하늘은 왜 엄벌을 내리지 않을까? 은나라를 멸망시키지 않을까' 라고 합니다."

이에 진노한 주왕은 이렇게 말했다.

"이놈들아! 나의 탄생 자체가 바로 천명이다!"

주왕은 내일에 다가올 멸망을 간과하고 오로지 현재의 쾌락만을 즐겼던 것이다. 이때 태공망을 도사道師로 임명한 주나라 무왕의 침공으로 멸망하고 말았다.

사람들은 리더의 은혜를 받는 순간 복종하는 습성을 가지고 있다.

夫魚食其餌 乃牽於緡 人食其祿 乃服於君
부 어 식 기 이 내 견 어 민 인 식 기 록 내 복 어 군

【原文】 물고기가 낚싯밥을 물면 도망치지 못하는 것처럼, 사람 역시 녹봉을 먹는 순간부터 군주에게 복종하게 된다.

이 문장 앞의 내용을 보면, 태공망이

"낚싯줄이 가늘고 낚싯바늘에 꽂힌 미끼가 잘 보이면 작은 물고기가 낚이고, 낚싯줄이 약간 굵고 낚싯바늘에 꽂힌 미끼가 맛이 좋으면 중간 크기의 물고기가 낚이고, 낚싯줄이 굵고 낚싯바늘에 꽂힌 미끼가 많으면 대어가 낚일 것입니다."

라고 했다.

평범한 낚시꾼들이 태공망의 이 말을 듣는다면 그 숨겨진 의미를 모르고 그저 당연하다고 할 것이다.

예를 들어 낚시에 대어가 물렸을 때, 생각도 없이 무조건 끌어당긴다면 그 결과는 어떻게 될까? 당연히 낚싯줄이 끊어지거나 낚싯대가 부러지면서 재산상의 손해뿐만 아니라 대어까지 놓치게 될 것이다. 그렇기 때문에 낚시에도 경험과 기술의 조화가 필요한 법이다. 즉 물고기가 힘이 빠져 기진맥진할 때까지 낚싯대를 부드럽게 다루어야만 안전하게 대어를 낚을

수 있다.

더구나 먹고 살기 위한 낚시는 낚는 것만을 즐기는 낚시보다 수준이 훨씬 떨어지는 것은 사실이다. 한마디로 낚는 것을 즐기는 낚시는 다른 목표를 위한 생각이나 정리 또는 에너지 충전을 위한 것이다. 따라서 이런 낚시는 사회경험이 풍부한 사람들에게만 적용되는 것으로 사회 초년생들이나 창업자들로서는 도저히 생각할 수 없는 높은 수준의 행위인 것이다.

태공망은 이 문장 뒤에서 이렇게 말하고 있다.

"좋은 낚싯밥을 사용해 물고기를 구하면 물고기를 마음대로 요리해 먹을 수 있고, 관작官爵과 녹봉으로 사람을 구하면 훌륭한 인재를 얻어 적재적소에 쓸 수 있습니다. 자신이 가지고 있는 식읍食邑으로 다른 나라를 구하면 그 나라를 점령할 수 있고, 자신의 나라로 천하를 구하면 천하를 자신의 발밑에 복종시킬 수 있습니다."

이것은 주나라에서 높은 벼슬과 많은 녹봉을 내세워 훌륭한 인재를 구해야만, 그들의 지략을 통해 천하를 얻을 수 있다는 것을 태공망이 강조한 것이다.

리더에겐 여섯 가지 지켜야 할 것과 세 가지 보물이 있다.

人君有六守三寶
인 군 유 육 수 삼 보

【原文】 군주는 여섯 가지의 지킴과 세 개의 보물을 가지고 있다.

문왕이 물었다.

"임금으로서 백성의 군주가 된 사람이 나라와 백성을 잃는 까닭은 무엇이오?"

태공망이 말했다.

"군주가 자신이 부리고 있는 신하들을 잘 선별하지 못했기 때문입니다. 군주는 여섯 가지의 지킴과 세 개의 보물을 지니고 있습니다."

여섯 가지의 지킴(육수六守)은 인仁, 의義, 충忠, 신信, 용勇, 모謀 등으로 군주가 반드시 지켜야 할 덕목이다. 군주는 이를 기본으로 신하들을 잘 선별해 관리해야만 나라가 태평해지는 것이다.

문왕이 물었다.

"여섯 가지 지킴을 확실하게 택할 수 있는 방법은 무엇이오?"

태공만은 말을 이었다.

"재물로 부유하게 해주어도 위법하지 않음이 인仁이고, 관작으로 귀하게 해주어도 오만하지 않음이 의義이고, 중요한 임무를 맡겨도 흔들리지 않음이 충忠이고, 일(등용)을 시켜도 거짓이나 숨기지 않음이 신信이고, 위험에 빠트려도 무서워하지 않음이 용勇이고, 사변事變으로 물어도 궁하거나 위축되지 않음이 계모計謀입니다."

문왕이 물었다.

"세 가지 보물은 무엇이오?"

태공망이 대답했다.

"세 가지 보물은 큰 농부農夫와 큰 공인工人과 큰 상인입니다. 농부가 고향에서 오랫동안 농사를 지으면 식량이 풍부해지고, 공인이 고향에서 오랫동안 일하면 기물이 만들어져 기용器用이 풍부해지고, 상인이 고향을 떠나지 않고 오랫동안 장사하면 재화財貨가 풍부해집니다. 이 세 가지 모두 각각의 자리에서 안정되어야 백성들의 근심걱정이 사라집니다. 따라서 군주는 농부農夫와 공인工人과 상인商人들이 고향에서 어지럽게 사는 것을 바로잡아주고, 또 그들이 집안에서 어지럽게 사는 것도 막아주어야 합니다."

현대사회에서 사주가 이런 육수를 기준으로 간부사원을 선발하고 현장의 각 부서를 관리한다면 반드시 성공하는 기업이 될 것이다.

원문에 대한 무왕의 물음에 대한 태공망의 말이다.

무도武韜

싸우지 않고 이기는 비결

리더의 일희일비─喜─悲는 간신들만 들 끓게 한다.

聖人將動 必有愚色
성 인 장 동 필 유 우 색

【原文】 성인聖人이 출동할 때는 반드시 어리석은 기색이 나타난다.

"재주가 탁월해도 좋지 않고 용맹함에 만족해서도 안 됩니다. 독수리가 사냥을 할 때는 낮게 날면서 날개를 움츠리고, 맹수가 사냥을 할 때는 귀를 늘어뜨리면서 몸을 낮게 낮춥니다. 사람도 어떤 행동에서는 어리석고 무능할 때가 있습니다. 자신의 재주나 용맹을 숨기는 것입니다. 겉으론 지知처럼 보이지 않지만, 실제론 참된 지知인 대지大知이고, 용勇처럼 보이지 않지만, 실제론 참된 용勇인 대용大勇이고, 이利처럼 보이지 않지만, 실제론 참된 이利인 대리大利인 것입니다. 이런 것들을 마음 깊숙이 지니고 있어야 합니다."

장자莊子에 이런 내용이 있다.

기성자는 주周나라 선왕宣王을 위해 싸움닭을 길렀다. 어느 날 선왕이 기성자를 불렀다.

"닭이 당장 싸울 수 있겠소?"

기성자가 말했다.

"아직은 부족하지만, 의기가 높고 자신에 차 있습니다."

열흘 후 또다시 묻자 기성자가 말했다.

"아직도 부족하지만, 소리를 듣거나 형체가 보이면 곧바로 반응합니다."

열흘 후 또다시 묻자 기성자가 말했다.

"아직도 부족하지만, 상대를 노려보는 의기가 대단합니다."

열흘 후 또다시 묻자 기성자가 말했다.

"싸울 수는 있습니다만, 다른 닭이 울어도 전혀 동요됨이 없어 마치 나무로 만든 닭처럼 보입니다. 또한 정신이 집중되어 다른 닭을 보면 싸움은커녕 도망치기에 바쁩니다."

세상일에 대해 일희일비하는 자는 큰 인물이 될 수 없다. 큰 인물은 세상일에 동요하지 않고 우둔한 것처럼 보이며, 집중된 정신으로 정세변화를 냉철하게 꿰뚫고 있는 것이다.

왕양명 王陽明은 말했다.

"지난 날, 성성에서 권력가인 소인배의 화가 나에게 미칠 것 같았지만, 동요되지 않고 태연하게 있었다. 큰 변란이 있어도 절대로 피하지 말아야 한다. 경거망동하지 않음은 깊이 생각하기 때문이다."

정치가 부패되면 형벌이 늘어나고 사회까지 어지러워진다.

天下之人如流水 障之則止 啓之則行 靜之則淸
천 하 지 인 여 류 수 장 지 즉 지 계 지 즉 행 정 지 즉 청

【原文】 천하天下 사람들은 흐르는 물과 같기 때문에 막으면 멈추고 이를 트면 가고 휘젓지 않으면 깨끗해진다.

정치를 무시하면 흐름이 멈춰 부패되면서 형벌이 늘어난다. 형벌이 늘어나면 천하백성들이 근심한다. 천하백성들이 근심에 시달리면 농사를 팽개치고 유람하거나 도망을 친다. 이런 일이 벌어진다면 상사나 부하들은 편안하게 생업에 전념할 수 없고 휴식도 취할 수 없다.

그래서 태공망은 "임금은 천하백성들이 편안하게 살 수 있도록 장애물을 제거해주고, 맑고 깨끗하게 흐르도록 하는 것이 중요합니다."라고 했다.

진나라 2세 황제 원년 7월, 진나라는 부족한 어양漁陽 수비대를 충원하기 위해 진승陳勝과 오광吳廣이 함께 징발되었는데, 이들은 징발된 자들을 관리하는 임무를 맡게 되었다.

때마침 장마철이라 도로가 유실되어 기일까지 어양에 도착할 수 없을 것 같았다. 만약 기일 내에 도착하지 못한다면 두 사람은 법에 따라 처형을 받게 된다. 그래서 머리를 맞대고

해결책을 의논했는데, 먼저 진승이 말했다.

"도망쳐도 죽을 것이고 반란을 획책해도 마찬가지다. 그렇다면 반란을 일으켜 죽는 것이 훨씬 좋을 것 같네."

오광이 말했다.

"자네도 알겠지만, 천하가 오랜 세월동안 진나라에 시달렸지. 2세 황제는 막내라 자격이 없고 황위를 계승할 자는 오로지 공자公子부소扶蘇뿐이라네. 부소가 시황제에게 간언을 많이 해 미운털이 박혀 장군으로 임명되어 외부로 밀려났다는 소문도 있고, 2세 황제가 부소를 죽였다는 소문도 있다네. 백성들은 부소가 현명하고 뛰어나서 죽었다고 생각하지 않아. 더구나 초나라 장군 향연도 많은 전공을 세웠고 부하들을 사랑해 백성들이 그를 따랐지. 하지만 그 역시 죽었다는 소문도 있고 도망쳤다는 소문도 있어. 그래서 우리가 지금부터 부소와 향연으로 변신하는 게야. 그런 후 천하를 호령한다면 우리를 따르는 자들이 많겠지."

이렇게 의기투합한 두 사람은 진나라 장교들을 모두 척살하고 백성들을 집합시켜 말했다.

"장마로 기일 안에 도착할 수가 없다. 더구나 기일이 늦어지면 무조건 사형을 받게 된다. 운이 좋아 사형을 면해도 수비대에 들어가면 60~70%가 죽는다. 남자로서 한번쯤 이름이나 떨치고 죽지 않겠나!"

이것이 진나라에 대한 최초의 반란이었고 이 반란은 순식간에 전국으로 확산되면서 진나라가 멸망하게 된다.

자신의 꾀에 자신이 넘어가는 참모가 되지 말아야 한다.

利天下者 天下啓之 害天下者 天下閉之
이 천 하 자　천 하 계 지　해 천 하 자　천 하 폐 지

【原文】 천하天下를 이롭게 하는 자는 천하가 길을 열어주고, 천하를 해치는 자는 천하가 길을 막는다.

진나라 효공孝公을 섬기는 상앙이 법을 바꾸려고 상소했다.

'확신이 없으면 명예가 없고 사업도 실패합니다. 행실이 뛰어나면 천하의 비난을 받고, 견식이 뛰어나면 백성의 책망을 듣습니다. 우매한 자는 기성騎省에 어둡고, 사리에 밝은 자는 미래를 예측합니다. 백성들과 일할 때는 의논하지 말고 오직 성과에만 기뻐해야 합니다. 지고의 덕을 말하는 자는 속설과 타협하지 않고, 대성을 거두는 자는 많은 사람들과 의논하지 않습니다. 영웅호걸이 나라를 강하게 만든다면 구습을 버리고, 백성에게 이익을 줄 수 있다면 형식에 얽매이지 말아야 합니다.'

상앙은 이 상소를 효공에게 승낙 받아 변법變法의 영슈을 정했다.

'10호나 5호 정도의 반班을 만들어 서로 감시하고, 죄지은 사람을 발고하지 않으면 요참腰斬(허리를 베어 죽임)형에 처한다. 발고한 사람에겐 적의 수급을 벤 것과 같은 상을 주고, 죄를 짓고 숨긴다면 적에게 항복한 것과 같은 형벌에 처한다. 둘 이상의 남자가 분가하지 않으면 세금을 두 배로 낸다. 공과는 일정한 비율로 상위의 작爵을 주고, 사사로이 다투면 경중에 따라 형벌에 처한다. 본업에 충실해 곡물이나 포백布帛을 많이 공납하면 노역과 세금을 면제해준다. 상업이나 공업에 몸을 담거나, 게을러 가난하게 산다면 모두 관노官奴로 입적시킨다. 왕실의 친인척이라도 공이 없으면 속적屬籍(황실의 호적)에서 제거한다. 존비尊卑나 작록爵祿의 등급에 따라 사유하는 전지, 택지, 남녀노예, 의복 등을 결정한다. 공을 세우면 높은 지위와 영화가 보장되지만, 그렇지 않으면 재산이 많아도 영예를 적용하지 않는다.'

상앙의 변법의 영이 실시된 지 1년이 지났지만, 법의 잘못됨을 호소하는 민원이 수천 건이 되었다. 더구나 변법을 지키지 않은 백성들도 부지기수였다. 그러자 시범으로 공자 건虔을 벌하자, 그 이튿날부터 진나라 백성 모두가 법을 지켰다. 4년 후, 또다시 공자 건이 법을 어겨 의형(코를 베는 형)에 처해졌다. 이후 5년이 지나면서 진나라는 강대국이 되었다.

효공이 죽고 태자가 즉위했는데, 이 사람이 바로 혜왕惠王이다. 이때 상앙은 숙청위기에 놓이면서 역모를 꾸몄다. 이를 눈치 챈 공자 건이 혜왕에게 역모를 발고했다. 혜왕은 군사를 풀어 상앙을 체포하라고 명했지만, 그는 함곡관으로 도망쳐 어느 여관에 몸을 숨겼다. 이때 여관주인은 그가 상앙인 줄 모르고 이렇게 말했다.

"상앙의 법에 통행증이 없는 사람을 숙박시키면 죄에 연좌된다."

그러자 상앙은 넋두리를 했다.

"허~. 법의 폐단이 이곳까지 미치고 있구나."

혜왕은 상앙을 잡아 거열형 車裂刑(죄인의 다리를 두 개의 수레에 묶어 수레를 서로 반대방향으로 움직여 몸을 찢어 죽임)에 처했다.

지금까지 많은 학자들이 그를 공동체에 성문법을 적용시켜 나라를 강국으로 만든 개혁자인지, 공동체 파괴자인지에 대해서는 명쾌한 답을 내놓지 못하고 있다. 그렇지만 상앙은 진나라 백성들에겐 잔인하고 혹독한 인물로 기억되었을 것이다. 상앙의 행위는 '천하를 해치는 인물은 천하가 그것을 막는다.'라고 하겠다.

리더가 주색에 빠지면 통치능력이 상실 되고 간신들만 들끓는다.

輔其淫樂 以廣其志 厚賂珠玉 娛以美人
보 기 음 락　이 광 기 지　후 뇌 주 옥　오 이 미 인

【原文】 적국에 음탕한 음악을 보내 군주를 태만하게 만들고, 주옥珠玉으로 많은 뇌물을 주고 미녀를 보내 색을 즐기게 한다.

　중국 융戎나라 임금이 유여由余를 진나라 사신으로 보냈다. 진나라 목공穆公이 현명한 군주라는 소문을 듣고 국정을 벤치마킹하려는 것이었다. 목공은 유여에게 궁의 보물을 자랑했다.

　"중국에서는 시, 서, 예, 악, 법도를 기본으로 해서 정치를 한다오. 그렇지만 때때로 어지러워지는 것은 어쩔 수 없소. 융에는 이런 것들이 없다는데…. 처세를 어떻게 하고 있소?"

　이 말에 유여는 웃으면서 말했다.

　"중국이 어지러운 것은 그렇기 때문입니다. 상고上古 시절 황제黃帝가 예, 악, 법도를 제정해 스스로 실천했기 때문에 나라가 태평했습니다. 하지만 후대 제왕들이 교만해져 법도의 위력만으로 백성들을 다스렸지요. 그러자 백성들은 인의仁義를 앞세워 위나라를 원망했습니다. 상하上下는 치열하게 싸우면서 원망하고 서로 빼앗고 죽이는 바람에 일족이 멸망했습니

다. 이것은 모두 예, 악, 법도 때문이었습니다. 그렇지만 융은 이것과는 매우 다릅니다. 위에선 선으로 아래를 다스리고 아래는 충심으로 위를 섬기지요. 한나라의 정치는 한사람의 신체를 다스리는 것과 같습니다. 이것이 바로 성인의 정치랍니다.”

처소로 돌아온 목공이 내사료內史寥에게 말했다.

“이웃나라에 성인이 있으면 근심거리가 된다. 유여는 타고난 거물로 나에겐 위험한 존재이다. 어떻게 처리하면 좋겠는가?”

내사료가 말했다.

“융왕은 변방에 살기 때문에 지금까지 한 번도 중국음악을 듣지 못했습니다. 악사를 보내 왕의 마음을 흔들어놓는 것이 어떻겠습니까? 그런 다음 유여의 방문기간을 늘이도록 부탁해 두 사람 사이를 멀어지게 하는 것입니다. 융왕은 귀국이 늦어지는 유여를 반드시 의심할 것입니다. 이렇게 되면 성공한 것입니다.”

이에 목공은 내사료에게 16명의 악사를 융왕에게 바치도록 했고 유여의 귀국연기를 부탁하게 했다. 융왕은 기뻐하면서 유여의 귀국연기를 승낙했고 노래와 음악을 감상했다.

이후 융왕은 매일 주연을 베풀어 음악에 빠져 물과 풀을 찾아 가축을 이동시키는 것도 잊어버리고 말았다. 이 때문에 소와 말의 50%가 굶어서 죽었다. 1년이 지나서 진나라는 유여를 융으로 귀국시켰다. 유여는 가무음락에 빠진 융왕에게 멈출 것을 충언했지만 듣지 않았다. 마침내 융나라는 진나라에게 멸망하고 말았다.

  태공망은 이처럼 무력을 사용하지 않고 상대를 굴복시키는
방법을 제시했던 것이다.

강한 적과 싸우기 위해선 상대를 더 더욱 강하게 만들어야 한다.

太强必折　太張必缺
태 강 필 절 　 태 창 필 결

【原文】 너무 강하면 반드시 부러지고 너무 커지면 반드시 흠집이 생긴다.

고대 중국 설화집 설원說苑의 내용이다.

상창이 병상에 있을 때 제자인 노자가 문병을 갔다. 노자가 스승의 손을 잡고 물었다.

"병세가 깊어 곧 하늘로 돌아가실 것입니다. 제자들에게 유언이라도 남기겠습니까?"

상창이 조용히 말했다.

"생각해놓은 것이 있네. 고향을 지날 땐 반드시 수레에서 내려야 함은 잊지 않았겠지."

노자가 말했다.

"그것은 어릴 때 친구들을 잊지 말라는 것이지요. 높은 나무를 봤을 땐 종종걸음으로 다가선다는 것은 노인을 존경하라는 뜻이지요."

한참 후 상창은 자신의 입을 벌려 노자에게 보여준 다음 말했다.

"아직까지 내 혀가 붙어 있는가?"

"네, 스승님."

"이는?"

"하나도 보이지 않습니다."

"그렇다면 이것은 뭣을 뜻하는지 말해보게."

잠시 생각에 잠긴 노자가 천천히 입을 열었다.

"혀가 있다는 것은 부드러움을 말하고, 이가 없다는 것은 너무 강했기 때문입니다."

"그렇지! 처세의 도리나 천하의 모든 것이 그곳에 있지. 더이상 자네에게 남길 말이 없네."

이 내용은 담긴 노장老莊사상의 일부이다. 강한 것이 만들어질 때 반드시 약한 것이 존재한다. 약한 것이 만들어질 때 반드시 강한 것이 존재한다는 기본적인 사상을 말하고 있다.

태공망은 강한 적과 싸우기 위해서는 적을 더더욱 강하게 만들어야 함을 강조하고 있다.

훌륭한 리더는 하나를 얻기 위해선 반드시 하나만 선택한다.

行其道 通可致也 從其門 門可入也
행 기 도   통 가 치 야   종 기 문   문 가 입 야

【原文】 도道를 따르면 도道에 통달할 수 있고 문門에 따르면 문門에 들어갈 수 있다.

어느 날, 양주楊朱의 이웃집 양 한마리가 우리에서 도망쳤다. 이웃집 양주인은 집안 식구들과 함께 양을 좇았지만, 잡을 수가 없었다. 사람이 부족한 양주인은 양주를 찾아와 하인을 빌려달라고 했다. 하지만 양주는 그의 부탁을 이상하게 생각한 나머지 이렇게 물었다.

"양 한마리가 도망갔는데, 왜 많은 사람이 필요한가?"

"양선생도 알겠지만, 마을에 갈림길이 많지요."

이때 양을 좇던 사람들이 기진맥진한 채 돌아오자, 양주가 또다시 물었다.

"양은 잡았는가?"

"못 잡았습니다."

"여러 명이 좇는데, 그걸 왜 못 잡지?"

"작은 갈림길에서 또 작은 갈림길이 있어 양이 어느 길로 도망갔는지 알 수가 없습니다."

이 말을 들은 양주는 하루 종일 아무 말도 하지 않았고 이상하게 생각한 제자들이 물었다.

"양은 가축이고 선생님 양도 아니잖습니까. 그런데 우울하신 이유는 무엇입니까?"

하지만 양주는 입을 열지 않았다. 이때 제자 맹손양이 선배 심도자心都子에게 이런 상황을 전했다. 얼마 후 심도자는 맹손양과 함께 양주를 찾아가 물었다.

"옛날에 삼형제가 살았는데, 이들은 제齊나라와 노魯나라로 각각 유학해 같은 스승에게 인의仁義를 배우고 귀향했습니다. 그러자 아버지는 인의에 대해 물었지요. 큰 아들은 명성보다 자신을 소중히 하는 것이라고 했고, 둘째 아들은 자신을 희생해 명성을 얻는 것이라고 했습니다. 셋째 아들은 자신과 명성을 함께 보전하는 것이라고 했지요. 물론 삼형제의 대답은 모두 모순이 있지만, 이것은 유교에서 나온 것이랍니다. 그렇다면 옳고 그름은 어느 쪽에 있는 것입니까?"

이에 양주가 대답했다.

"황하黃河 강가에서 태어난 덕에 물을 잘 알고 헤엄에 능숙해 뱃사공으로 일하는 사람이 있었다네. 그 덕분에 식구들이 굶지 않았고 그를 부러워한 나머지 뱃사공기술을 익히려 제자로 들어온 사람들도 많았지. 하지만 그들 중 절반이 물에 빠져 익사하고 말았어. 목적은 헤엄을 배우는 것이었지 익사하는 것을 배우려는 것이 아니지 않는가. 어쨌든 그에 대한 이해득실이 달라졌던 게야. 그렇다면 자네들은 옳고 그름이 어느 쪽에 있다고 생각하는가?"

양주의 뜻 깊은 말에 심도자는 아무런 대꾸도 못하고 대문 밖으로 나왔다. 그러자 맹손양은 선배 심도자에 말했다.

"난해한 질문에서 나온 말이라 더더욱 그 이유를 알 수가 없네요."

이 말을 들은 심도자는 얼굴을 찌푸리면서 말했다.

"갈림길이 너무 많아 양을 잡지 못했고, 학자는 방법이 너무 많아 본성을 잃지. 학문의 기본이 같지만, 끝으로 갈수록 달라진다네. 만약 같은 것과 하나로 돌아간다면 얻거나 잃는 것이 없지. 자네는 스승님에게 공부하면서도 스승님의 비유를 못 알아 듣다니, 참으로 안타깝네."

어떤 일이건 방법이나 길이 많지만, 하나의 옳은 길은 존재하지 않는다. 갈림길이 많지만 양이 도망친 길은 단 하나 뿐이다. 이것은 자신이 가야할 길은 오직 한개 밖에 없다는 비유이다. 자신의 길을 묵묵히 가야만 양이 잡히지 않고 도망쳤던 것처럼 목표를 이룰 수 있는 것이다.

큰 인물일수록 자신의 덕과 공과를
숨겨 명성이 더더욱 빛난다.

聖人不自明 故能名彰
성 인 부 자 명　고 능 명 창

【原文】 성인은 스스로를 숨기기 때문에 이름이 드러나는 것이다.

태공망은 말했다.

"천지는 만물을 성장시키지만, 스스로 공과를 자랑하지 않습니다. 큰 인물일수록 자신의 덕을 숨기기 때문에 명성이 얻어지는 것이지요."

현대사회에서는 개인이건 단체이건 PR을 매우 중요하게 여긴다. 다양한 정보가 넘쳐나는 현실에서 PR이 없다면 관심을 끌 수가 없다. 현실에서는 PR을 일부러 찾아낼 만큼의 시간적 여유도 없다. 과거에는 신제품을 만들어 판매할 때 PR없이도 잘 팔렸지만, 현재는 아무리 좋은 상품을 만들어도 PR없이 판매할 수가 없다. 즉 좋은 상품에 대한 소비자의 관심과 욕구를 만족시키기 위해서는 반드시 PR이 있어야만 한다.

예를 들면 서울에서 치과병원을 신장 개원했는데, 의사는 PR이나 간판도 걸지 않았다. 많은 사람들이 병원 앞을 지나다녔지만, 그곳이 치과병원이란 사실도 모르고 있었다. 하지만 길 건너편 치과병원은 다양한 미디어를 통해 PR을 했는데, 그 결과 많은 환자들이 북적거렸다.

자객 형가荊軻가 진秦나라 시황제始皇帝를 암살하려다가 실패했다. 그는 놀라울 정도로 냉철하고 속내가 깊었으며 독서를 좋아했다.

형가가 젊었을 때 한단에 살았는데, 어느 날 친구 노구천과 주사위놀이를 했다. 게임방식을 놓고 서로 다투다가 마침내 시비가 붙었다. 이때 노구천은 화를 내며 소리를 질렀지만, 형가는 아무런 대꾸도 하지 않고 자리를 피했다. 이후 노구천을 두 번 다시 만나지 않았다. 하지만 형가가 시황제를 시해하려다가 실패했다는 말에 노구천은 괴로워하며 말했다.

"나는 눈 뜬 장님이었구나. 그런 큰 인물을 옆에 두고도 몰라보다니…. 그는 주사위놀이 때 내 행동을 보고 사귈 수 없는 인물로 치부했을 것이다."

훌륭한 리더일수록 자신의 취미를 철저하게 숨겨야 한다.

因其所喜 以順其志
인 기 소 희 이 순 기 지

무력을 사용해 승리하는 것은 야만적이고 위험한 행동이다. 그래서 문왕은 무혈승리에 대한 방법을 태공망에게 물었다.

태공망이 말했다.

"적국의 군주가 좋아하는 것을 만족스럽게 해주면, 상대는 그것을 위해 자신의 모든 것을 희생시키면서까지 탐닉하게 됩니다."

이것은 하나의 기호로 상대의 밸런스를 무너뜨린다면 파멸시킬 수 있다는 뜻이다.

춘추春秋시대 위衛나라 의공懿公은 학을 좋아했다. 그래서 학을 기르는데 많은 인력과 자재資材를 투입했다.

의공 9년 겨울. 적족이 불시에 침입하자, 의공은 군대를 출동시켜 막도록 했다. 이에 장군들은 이구동성으로 말했다.

"학을 내세워 싸우도록 하시지요. 지금까지 학에게 높은 지위와 대우를 했잖습니까. 따라서 우리가 나설 이유가 없습니다."

이것은 학만을 사랑했던 의공에 대한 불만이었다. 그래서 의공은 소수병력만 이끌고 적족의 거주지인 형택滎澤으로 출발했다. 하지만 이 전투에서 의공은 참패하고 말았다.

위나라를 점령한 적족은 위군을 추격해 황하黃河강가에서 전멸시켰고, 이때 의공이 전사하면서 위나라는 멸망했다. 하지만 위나라 백성들은 조曹나라로 이주했고 여기서 대공을 추대해 임시망명정부를 세웠다.

학을 기르고 사랑하는 것은 독특한 취미로 잘못 된 것은 아니다. 하지만 자신의 취미가 상대방과의 밸런스가 맞지 않고 엇갈릴 때는 이처럼 나라가 망하는 것이다.

현대인들은 제각각 다양한 기호를 가지고 있는데, 이것은 스트레스해소에도 큰 도움이 된다.

리더는 민중들의 일상생활을 편안하게
해줘야만 나라가 안정된다.

天有常形 民有常生
천 유 상 형　민 유 상 생

【原文】 하늘은 당당한 형체가 있고 백성은 당당하게 살아가려는 뜻이 있다.

문왕이 물었다.

"천하를 안정시키는 방법은 어떤 것이 있소?"

태공이 말했다.

"하늘에는 사계절 법칙이 있고 백성에겐 일상생활이 있습니다. 백성들이 자연의 이치에 맞게 생활한다면 천하는 안정됩니다. 정치는 백성들을 교화시키는 것입니다. 백성들이 교화되면 반드시 정치를 따를 것입니다."

어느 날, 요堯임금은 암행시찰을 갔는데, 어떤 노인이 자신의 배와 땅을 두드리면서 노래를 부르고 있었다.

"해가 뜨면 나와 함께 농사 짓고, 해가 지면 나와 함께 집에서 쉰다. 우물을 파 물을 마시고, 논밭을 갈아 밥을 먹는데, 천자는 나와 무슨 관계가 있는가."

노래를 들은 요임금이 기뻐했는데, 이것은 태공망이 말하는 '백성의 뜻에 정치를 맡긴다.' 는 의미가 담겨 있다.

명대 明代 사상가 이탁오 李卓吾가 말했다.

"입는 것과 먹는 것은 인륜과 물리인데, 이것이 없어지면 인륜과 물리가 존재하지 않는다. 세상 모든 것은 의衣와 식食의 종류에서 순환된다. 의와 식을 가지면 세상 모든 것이 포함된다. 이것 외에는 백성과 동떨어진 그 어떤 것도 존재하지 않는다."

태공망은 입는 것과 먹는 것을 '민에 상생 相生한다'고 했는데, 이것은 일상생활을 말한다. 일상생활 외에 무언가 가치가 있거나, 의미가 있거나, 매력적인 것 등이 있다는 생각은 위험한 환상일 뿐이다.

나라의 주권은 리더가 아니라 국민들에 게 있다.

無取於民者 取民者也
무 취 어 민 자   취 민 자 야

【原文】 백성의 재물을 수탈하지 않는 사람은 백성을 얻는 사람이다.

태공망은 말했다.

"천하는 한사람 것이 아니라 천하의 것입니다. 천하를 취함은 짐승을 쫓는 것과 같고 천하 백성은 잡은 고기의 분배를 원합니다. 천하 백성들은 이익으로 주는 사람에게 스스로 협력합니다. 백성들의 이익을 수탈하지 않고 이익을 혼자 취하지 않는다며, 천하 백성에게 마음을 얻을 수가 있습니다. 마음을 같이 하는 사람끼리 서로 돕고, 취미가 같은 사람끼리 서로 손을 잡으면 무기가 없어도 적을 물리칠 수가 있습니다."

진晉나라 지백智佰은 조씨趙氏, 한씨韓氏, 위씨魏氏 등에게 병력을 빌려 반대파인 범씨范氏, 중행씨中行氏 등을 멸하고 그들의 땅을 수탈했다. 이때 진나라 출공出貢은 지백의 불법적인 행위에 격노했다. 그러자 지백은 조씨趙氏, 한씨韓氏, 위씨魏氏 등과 공모해 출공을 시해하고 소공昭公 증손인 교驕를 임금으로 내

세웠다. 이 사람이 진나라 의공懿公이다.

이후 권력이 강해진 지백은 한씨에게 토지의 일부를 내놓으라고 협박했다. 한씨는 그의 권력이 두려워 1만호의 현縣을 지백에게 주었다. 이번에는 위씨에게 토지를 요구했고 그 역시 1만 호의 현을 주었다. 마지막으로 조씨에게 토지를 요구했다가 거절당하자 격노한 지백은 한씨와 위씨를 앞세워 공격했다.

조씨는 진양성에 진지를 구축했고, 지백, 한씨, 위씨 연합군은 1년여 동안 공격했지만 성을 함락시키지 못했다. 그러자 조씨는 은밀하게 한씨와 위씨를 만나 지백 제거를 제안했고 동의까지 얻었다.

거사 날이었다. 조씨 군대는 제방을 무너뜨려 지백의 진지로 물줄기를 돌렸다. 혼란에 빠진 지백의 군사들 좌우로 한씨와 위씨 군사가, 정면엔 조씨 군사가 공격했다. 마침내 지백 군은 전멸되었고 그 역시 전사했다. 조씨는 지백의 해골에 옻칠한 다음 요강으로 사용했다. 이 이야기는 탐욕을 앞세워 남의 재산을 함부로 수탈한 지백이 받는 죗값이었다.

한마디의 말로 나라를 구할 수 있다.

全勝不鬪 大兵無創
전 승 불 투   대 병 무 창

【原文】 완전한 승리는 싸우지 않고 대병(큰 군대)은 상처를 입지 않는다.

옛날이나 지금이나 싸움은 서로가 상처를 입기 때문에 어리석은 행동이다. 태공망 역시 '진정한 승리는 싸우지 않고 얻는 것이다' 라고 했고, 손자도 '지피지기는 백전백승이다.' 라고 했듯이 전쟁에서 전략으로 승리하는 방법을 다양하게 모색했던 것이다.

주周나라 양왕襄王 25년(기원전 627년)이었다. 진秦나라 목공穆公은 정鄭나라를 불시에 공격하기 위해 맹명孟明을 대장으로 서걸술西乞術과 백을병白乙丙을 부장副將으로 삼아 동쪽으로 공격하도록 명했다.

이때 정나라 소 장수 현고弦高라는 사람이 소 3백두를 몰고 낙양洛陽으로 향했다. 소떼를 몰고 여양진黎陽津에 도착한 그는 진나라가 고향인 옛 동료에게 이런 정보를 들었다.

"진나라가 군대를 일으켜 정나라를 습격하기 위해 12월12일에 출병했다네. 아마 지금쯤 도착할 때가 되었을 거야."

현고는 곧바로 정나라에 사자를 보내 이 사실을 알리도록 하면서 자신은 숙피熟皮 4장과 살찐 소 12마리를 여관에 맡긴 후 수레를 타고 출발했다. 그가 활滑나라 연진延津에 도착했을 때 진나라 군대를 만났다. 현고는 거짓으로 자신이 정나라 사자라고 소개하면서 진나라 군대를 맞이했으며, 대장 맹명을 만나 이렇게 말했다.

"저희 군주께서 세 분의 장군이 출동하셨다는 보고를 받고 약간의 선물을 마련해 저를 이곳으로 보냈습니다. 저희 정나라는 강국들 틈에 끼어서 끊임없이 침략을 받고 있답니다. 그래서 군사를 훈련시키고 군마를 배불리 먹이며, 국경을 밤낮으로 경계하고 창칼을 베개 삼아 아침을 기다리고 있지요. 이런 모습의 우리 군사들을 보셔도 당황하거나 개의치 마시길 바랍니다."

맹명은 현고의 말을 듣는 순간 등에 식은땀이 흘렀다. 그가 출격한 목적은 불시에 공격하는 것이었기 때문이다. 더구나 정나라가 자신들의 습격을 미리 알고 대비하고 있다면 패할 것이 분명했다. 이에 맹명은 계획을 수정해 활나라만 함락시키고 돌아갔다.

물론 완전하게 승리한 것은 아니지만, 현고의 기지로 위험에서 벗어난 것만으로도 전쟁에서 이긴 것이나 다름이 없다.

사회에서 큰 인물은 어릴 때부터 개성이 다르다.

大蓋天下然後 能容天下
대 개 천 하 연 후 능 용 천 하

【原文】 군주의 큰 도량이 천하를 뒤덮을 때라야 천하를 포용할 수가 있다.

문왕이 천하를 다스리는 방법을 묻자, 태공망이 말했다.

"큰 도량으로 천하를 덮을 수 있어야만 천하를 취할 수 있고, 신의로 천하를 덮을 수 있어야만 천하를 모을 수 있고, 인애仁愛로 천하를 덮을 수 있어야만 천하와 친해지고, 은혜로 천하를 덮을 수 있어야만 천하가 지속되고, 권력으로 천하를 덮을 수 있어야만 천하가 유지됩니다. 일할 때 서슴없어야 하늘의 운행이나 시간도 그 신념을 움직일 수 없답니다."

항적項籍은 하상지방 출신으로 자字가 우羽이다. 막내삼촌은 항량項梁이고 그의 아버지는 초楚나라 장군 항연으로 진나라 장군 왕전王剪과의 전쟁에서 전사했다. 항씨 집안은 대대로 초나라 장군이 되었으며, 항지방에 봉해졌기 때문에 항씨 성을 가지게 된 것이다. 항적이 처음 거병한 것은 24살 때였다.

항우는 소년시절엔 글공부를 했지만 뜻이 없어 검술을 배우기 시작했다. 하지만 검술실력이 형편없어 막내삼촌 항량이 꾸짖자 항우는 이렇게 대꾸했다.

"글공부는 이름 석 자만 쓸 줄 알면 되고, 검술은 한사람만 상대하는 단점이 있어서 재미가 없습니다. 그래서 만인을 대상으로 하는 병법을 배우고 싶습니다."

이에 항량은 병법을 가르쳤는데, 처음엔 열심히 하다가 대충 익힌 뒤엔 공부를 게을리 했다. 그러던 중 항량이 억양에서 살인사건을 저질렀는데, 기의 옥리인 조구의 보증서를 억양 옥리 사마흔司馬欣에게 내밀어 벌을 받지 않았다.

하지만 살인을 저질렀기 때문에 복수가 두려워 항우를 데리고 오중吳中으로 이사했다. 그러자 오중의 모든 사대부들은 항량을 무서워했다. 항량은 이곳에서 토목공사나 장례식이 있으면 자신이 앞장섰는데, 몰래 병법을 활용해 젊은이들의 재능을 살폈다.

어느 날, 진시황제가 회계會稽를 시찰하면서 전당강錢塘江을 건너게 되었는데, 때마침 항량과 항우도 이곳에 있었다. 항우가 진시황제를 손가락으로 가리키면서 이렇게 소리쳤다.

"삼촌! 내가 저놈을 대신해야겠소."

이에 당황한 항량이 그의 입을 막으며 꾸짖었다.

"조용히 해라. 일족을 다 죽이고 싶으냐?"

항량은 이때부터 항우가 보통 인물이 아님을 직감했다. 사기史記에 보면, '항우는 키가 8척이고 청동 솥을 가볍게 들어올릴 정도로 힘이 장사였다. 게다가 기예가 탁월해 오중의 모든 젊은이들이 그를 따랐다.'고 되어 있다.

용도 龍韜

조직 통솔의 비결

리더에겐 다섯 가지 재능과 열 가지 잘못이 있다.

將有五才十過
장 유 오 재 십 과

【原文】 장수에게는 다섯 가지 재주와 열 가지 잘못이 있다.

무왕이 대장의 기준에 대해 질문하자 태공망이 말했다.

"대장에겐 갖춰야할 5가지 재능과 경계해야할 10가지 과실이 있습니다."

대장이 갖춰야할 5가지 재능은 지知, 인仁, 신信, 용勇, 충忠 등이다.

첫째 지知를 갖추면 혼란을 겪지 않고, 둘째 인仁을 갖추면 부하들이 결속하고, 셋째 신信을 갖추면 서로 속이지 않고, 넷째 용勇을 갖추면 침략당하지 않고, 다섯째 충忠을 갖추면 배신당하지 않는다.

대장이 경계해야할 10가지 과실은 다음과 같다.

첫 번째 용감해서 죽음을 가볍게 생각하는 자, 두 번째 성급해서 서두르는 자, 세 번째 탐욕으로 이익만 추구하는 자, 네 번째 마음이 선해 적을 죽이지 못하는 자, 다섯 번째 지혜가 많지만 겁이 많은 자, 여섯 번째 신의가 있지만 지나치게 남을 믿는 자, 일곱 번째 청렴결백하지만 속이 좁아 배려가 없는 자, 여덟 번째 자신의 지능만 믿고 긴장을 풀어 기민하지 못한 자, 아홉 번째 정직함이 지나쳐 자신의 능력을 과대평가하는 자, 열 번째 마음이 나약해 어려움에 처하면 남에게 일을 맡기는 자를 말한다.

이런 약점을 가진 장수와 전투를 할 때는 다음과 같이 행하면 승리한다.

첫 번째는 무모한 싸움을 도발시킨다. 두 번째는 지구전으로 초조하게 만든다. 세 번째는 뇌물을 활용한다. 네 번째는 사방팔방으로 뛰게 해 피곤하게 만든다. 다섯 번째는 욕되게 해 판단력을 흩뜨린다. 여섯 번째는 믿는 사람을 배신하게 만든다. 일곱 번째는 모욕으로 화를 내게 만든다. 여덟 번째는 기습하면 물리칠 수가 있다. 아홉 번째는 자주 싸움을 부추겨 피곤하게 만든다. 열 번째는 모략으로 속인다.

이 문장에서 태공망의 주장은 전투에서 병사들의 목숨은 대장에게 달려있기 때문에 대장을 임명할 땐 신중해야 한다는 것을 강조하고 있다.

위기탈출은 지도자나 참모들의 발상에서 명답이 나온다.

不能分移 不可以語奇 不通治亂 不可以語變
불능분이 불가이어기 불통치란 불가이어변

【原文】 군대를 분산시키지 못하면 기병奇兵을 말할 수 없고, 치란治亂에 능통하지 못하면 변화變化를 말하지 말라.

사람들은 삶에서 얻게 된 반복된 경험을 당연하게 받아들이면서 이것을 한 개의 모양으로 생각해 불변이라고 믿고 있다.

군대는 군사조직의 일환이며 집단이기 때문에 큰 위력을 가지고 있다. 하지만 상식적인 생각에서 벗어나 군사들을 분산시키는 쪽이 훨씬 좋은 경우도 있다.

위魏나라는 경원景元3년에 촉蜀나라를 공격했는데, 진서장군鎭西將軍종회鍾會는 3군 병사를 한중漢中으로 출병시켜 검각劍閣에서 촉나라 대장군 강유姜維와 대치했다. 종회는 강유를 공격했지만, 지세를 활용한 강유의 방어로 이길 수가 없었다. 더구나 보급로까지 험한 산길이라, 자주 끊어져 양식까지 부족했다. 이것이 장기화되면서 위나라 군대는 위기에 빠지게 되었다.

그나마 다행스럽게 위나라 정서장군 등애鄧艾가 정병만 이끌고 주력부대와 갈라져 검각 서북 음평陰平에서 무인 땅 7백리까지 남하했다. 산세가 험했지만, 산을 깎아 길을 뚫고 가교까지 만들어 전진했던 것이다.

그의 진군은 보급이 원활하지 않아 위험했지만, 자신과 군사들은 모포로 몸을 감싼 후 굴러서 산을 내려갔다. 그 결과 수도 성도成都와 3백리 거리에 있는 면죽綿竹까지 진군하게 되었는데, 이것은 난공불락의 검각을 피해 우회한 것이었다.

더구나 촉나라 군사들은 위나라 군사들이 험준한 산을 통과할 것이라고는 꿈에도 상상하지 못했다. 갑작스런 위나라 공격으로 촉나라 군사들은 혼란에 빠지고 말았다. 이를 틈타 등애는 좌우로 면죽의 촉나라 군을 공격했고 촉의 위장군衛將軍 제갈첨諸葛瞻과 상서尚書 장준張遵의 목을 벤 다음, 수도인 성도 옆 낙으로 진군했다. 그러자 촉나라 후주 유선이 항복했다.

이것은 등애가 기奇로서 촉나라를 항복시킨 좋은 예이고 발상의 전환을 설명한 고대 중국의 기록이기도 하다.

리더는 주도권을 잡기 위한 책략과 심리 변화에 능해야 한다.

勢因敵之動 變生於兩陳之間 奇正發於無窮之源
세 인 적 지 동   변 생 어 량 진 지 간   기 정 발 어 무 궁 지 원

【原文】 형세는 적의 움직임에서 변화되고 다양한 전술의 변화는 두 진영 사이에서 나오면서 변칙과 정공이 무궁무진하게 펼쳐진다.

무왕이 공격에 대해 묻자, 태공망이 대답했다.

"전장의 형세는 적군의 움직임에 따라 변화하고 양 진영 사이에선 다양한 작전이 나오게 마련입니다. 다양한 정공법과 변칙적인 것으로 적군에게 간파되지 않고 아군 뜻대로 움직이게 만드는 것이 바로 병법의 묘미입니다."

이 내용은 '싸움은 정正으로 맞붙어 기奇로 승리한다. 기를 잘 활용하는 자는 그 무궁무진함이 천지해天地海와 같다.'는 손자孫子의 말과 일맥상통한다.

남북조南北朝시대 북위北魏의 조정을 손아귀에 쥐고 있던 이주씨爾朱氏 일족은 자신의 부하인 고환高歡에게 패하고 말았다. 이때 이주조爾朱兆는 인마를 이끌고 근거지 수용秀容으로 피신했다. 이주조를 치기 위해 진양晉陽으로 출격하려고 마음먹고 있었다.

한편, 수용으로 돌아온 이주조는 즉시 군비를 갖추고 병력을

출동시켜 약탈로 군량과 마초를 비축했다. 또 방어벽을 재정비해 고환의 공격에 대비했다. 얼마 후 초병으로부터 고환이 대군을 이끌고 진양을 떠나 수용으로 진격 중이라는 보고를 받았다.

그는 부하들에게 이틀 안으로 방어태세를 갖추라고 명했다. 하지만 며칠이 지나도 고환의 대군들이 공격하지 않았다. 이에 수색대를 보내 살피게 했는데, 이미 고환의 군대가 철수했다고 보고했다. 열흘이 후에 수색대를 보냈지만 같은 보고가 들어왔다.

그러던 얼마 후 고환이 진격한다는 보고를 받았지만, 역시 공격해오지 않았다. 그러다가 며칠 후 고환이 진양을 출발했다는 보고를 또다시 받았다. 이에 당황한 이주조는 방어태세를 갖추었지만, 이번에도 거짓이었다.

몇 차례 거짓 출격 소문을 들은 이주조는 고환이 관중關中과 반대세력의 대응을 비밀에 부치고 수비를 튼튼히 해놓기 위한 계략으로 결론짓고 긴장과 경계를 풀었다.

이때 고환은 이주조가 자신의 계략에 넘어갔다고 판단해 섣달그믐 심야를 택해 대군을 이끌고 진양으로 출병했다.

정월 초하루, 이주조는 장수들과 함께 연회를 열고 있었는데, 갑자기 사방에서 큰 함성이 들려왔다. 적의 급습에 놀란 이주조와 장수들은 혼비백산했고 그의 군사들은 갈팡질팡하면서 사방으로 도망쳤다.

기회를 잡은 두태는 도망가는 이주조를 추격했고 적홍령赤洪

嶺에 도착했을 땐 이미 그의 군사들은 거의 전멸상태였다. 이 때 이주조는 스스로 목을 매어 자살했다.

이 내용은 주도권을 잡기 위한 책략과 심리변화를 잘 활용한 고환의 책략이 돋보인다.

리더의 독단적 편견은 나라를 약하게 만들 뿐이다.

勿以獨見而違衆
물 이 독 견 이 위 중

【原文】 자신의 독단적인 의견으로 다수의 의견을 무시하지 말라.

장수가 독단적으로 고집을 내세워 다수의 의견을 무시하면 안 된다. 왜냐하면 다수 의견은 대체적으로 공정하고 옳은 결론이 많다. 하지만 독단은 편견으로 잘못된 경우가 많다. 물론 경우에 따라서는 각기 다를 수가 있다.

진시황제가 사망하자 조고趙高는 호해胡亥를 2대 황제로 즉위시켰다. 그리고 재상 이사李斯를 척살하고 스스로 재상자리에 올랐다. 2대 황제가 용렬했기 때문에 조고는 권력을 손아귀에 쥐고 뜻대로 주물렀다.

그러던 중 진나라 대군이 거록鉅鹿에서 항우에게 격파당하고 대장군 장한章邯이 항복했다. 하지만 조고는 이에 아랑곳하지 않고 왕위찬탈을 위한 음모만 꾸몄다. 당시 이런 일화가 있었다. 조고는 웬만한 방법으로는 군신이 자신을 따르지 않을 것으로 생각하고 황제에게 사슴 한 마리를 바쳤다.

"폐하! 이 말은 세상에서 아주 드문 희귀종입니다."

이에 황제는 어이가 없다는 투로 말했다.

"허? 왜 사슴을 말이라고 하는가?"

조고는 무릎걸음으로 기어가 큰소리로 고했다.

"폐하! 이것은 분명한 말입니다. 믿지 못하시면 시립과 대신들에게 물어보시지요."

황제가 그들에게 묻자 조고가 두려워 입을 다문 대신과 사슴으로 말한 충신도 있었다. 하지만 대부분의 대신들은 조고에게 아부하기 위해 명마라고 우겼다. 얼마 후 조고는 사슴으로 대답한 대신들에게 죄를 뒤집어 씌워 처형했고 자신에게 불리한 대신들까지 제거했다.

이에 대해 사기 史記 진시황본기 秦始皇本紀에 다음과 같은 내용이 있다.

'그 내용이 옳다면 사슴을 사슴으로 말한 소수 의견이 옳고, 반대로 사슴을 말이라고 대답한 다수 의견이 잘못된 것이다.'

즉 다수 의견이 반드시 정답이라고 생각하면 오산이다. 그렇지만 이 같은 다수 의견은 권력가인 조고의 협박을 무서워했거나, 아부가 곁들여진 욕망에 의한 독단의 증폭이라고 할 수 있다. 다시 말하면 형태는 다수 의견이지만 실제는 독단인 것이었다. 그래서 태공망은 독단이 다수 의견으로 변형된 것이라고 했던 것이다.

냉철하고 예리한 판단력은 참모가 가져 야할 기본원칙이다.

善戰者 不待張軍 善除患者 理於未生
선 전 자 부 대 장 군   선 제 환 자   이 어 미 생

勝敵者 勝於無形
승 적 자 승 어 무 형

【原文】 전쟁에 능숙한 자는 적이 군대를 진열하기를 기다리지 않고, 환난을 잘 진압
하는 자는 환난이 일어나기 전에 처리하고, 적을 잘 물리치는 자는 형체가
없을 때 승리한다.

노魯나라 양공襄公18년 가을, 제齊나라가 노나라 북쪽 국경으
로 쳐들어갔다. 그러자 진晉나라 평공平公은 송宋, 위衛, 정鄭,
조曹 등 11개 나라와 연합군을 만들어 제나라를 공격했다. 이
때 제齊나라 영공靈公은 직접 대군을 이끌고 평음성平陰城으로
출격해 방문防門밖에 못을 만들어 방어망을 구축했다. 그러자
숙사위가 이렇게 진언했다.

"제후의 군사들이 많아 방문에는 의지할 수 있는 방어벽이
없습니다. 더구나 못으로는 도저히 공격을 막을 수가 없지요.
그래서 험한 산세를 활용해 길을 막고 수비를 굳건하게 만들
어야 합니다. 이렇게 하면 적의 병거兵車가 마음대로 움직이지
못하고 보병도 험한 산세라 좁은 길을 한 줄로 행군할 수밖에

없습니다. 이것은 대군에겐 불리한 상황입니다."

하지만 영공은 그의 진언을 듣지 않고 평음성에서 수비에 치중했다. 얼마 후 진나라 평공과 연합군의 공격으로 제나라의 수많은 군사들이 죽거나 부상당했다.

이런 상황에서 영공은 노魯나라와 거나라 등이 각각 병거 1천 대를 투입해 진군을 원조한다는 보고를 받았다. 영공은 고민하다가 장수들과 함께 무산巫山으로 올라가 적진을 살폈다.

못 반대편에는 연합군 전차가 일열 횡대로 늘어서 있었고 그 뒤에서 대군이 함성을 지르고 있었다. 대군 뒤에는 대군의 움직임으로 먼지가 일고 있었다. 이에 기가 꺾인 영공은 산을 내려와 밤이 되자, 은밀히 퇴각명령을 내렸다.

이것은 영공이 형세를 잘못 판단한 결정이었다. 왜냐하면 진나라와 연합군의 병마는 제나라보다 조금 많았을 뿐, 막을 수 없을 정도는 아니었다. 더구나 영공이 본 대군의 깃발과 모래먼지는 모두 거짓이었고 병마도 없었다. 모래먼지는 연합군 군사들이 나뭇가지를 끌고 다니면서 일으킨 것이었다.

영공이 퇴각한 그날 저녁, 진나라 평공이 연합군 제후들과 공격계획을 의논하고 있을 때 사광師曠이 말했다.

이튿날 이른 아침, 진나라와 연합군들이 평음성으로 무혈 입성했고, 뒤이어 제나라 군을 추격해 제나라 수도까지 진격했다.

이에 태공망은 "제나라 영공의 엉터리 형세판단과 사광의 예리한 관찰이 싸움의 승부를 갈랐던 것입니다."라고 했다.

암호문서는 재리再離 삼발일지三發一知
로 처리해야 비밀을 유지할 수 있다.

書皆一合而再離 三發而一知
서 개 일 합 이 재 이   삼 발 이 일 지

【原文】 서신은 모두 한 장으로 작성해 두 번을 잘라 세 쪽으로 나눠 가진 다음 한사람만 알게 해야 한다.

　옛날이나 지금이나 정보는 매우 중요한데, 이것이 노출되지 않도록 암호화 작업에 많은 노력을 기울이는 것도 사실이다.

　태공망 때는 굳이 암호화할 필요가 없었기 때문에 문서연락이 주를 이뤘다. 하지만 정보를 빼앗기지 않기 위해 평범한 서신일지라도 새로운 음서작업이 필요했던 것이다.

　이런 음서작업에 대해 태공망은 말했다.

　"중요한 비밀과 기획은 한통의 문서로 축소시킵니다. 그런 다음 재리再離 삼발일지三發一知합니다.(재리는 문서를 가로로 잘라 셋으로 나누는 것이고, 삼발일지는 세 사람이 각 조각을 나눠 출발해 목적지에서 하나로 합친다) 이렇게 해서 정보를 빼앗기지 말아야 합니다. 이것을 음서陰書라고 하는데, 적이 입수해도 내용을 파악할 수가 없습니다."

　이 내용으로 미뤄보아 태공망은 정보를 지키려는 중요성을 강조한 것 같다.

리더는 상은 권장하고 벌은 엄하게 다스려야 한다.

殺貴大 賞貴小
살 귀 대 상 귀 소

【原文】 죽임은 높은 사람에게 내릴수록 귀하고(좋고) 상은 낮은 사람에게 내릴수록 귀하다(좋다).

제齊나라는 진晉나라 군대와 싸웠지만 패하고 연이어 쳐들어온 연燕나라 군대에게 또다시 패했다. 이에 제나라 경공景公이 걱정하고 있을 때, 안영이 전양저를 천거했다. 경공은 그를 장군으로 임명해 진나라와 연나라 군대를 막도록 명했지만 전양저는 이렇게 고했다.

"소신은 천한 신분출신이라 권위가 없어 군사들이 따르지 않고 백성들 또한 신뢰하지 않을 것입니다. 그래서 신분이 높고 백성들에게 존경받는 분을 감독관으로 임명해주십시오."

경공은 고개를 끄덕이며 장가를 감독관으로 임명했다. 전양저는 장가에게 이튿날 정오 군문에서 만나자고 약속했다. 이튿날 전양저는 군무에 해시계와 물시계를 놓고 그를 기다렸다.

한편, 장가는 그 시간에 자신의 신분을 과시하듯 약속시간을 무시한 채 친척들과 송별회를 열고 있었다. 정오가 되었지만 장가가 오지 않자, 전양저는 병사들에게 군령을 선포했다. 저녁때가 되서야 장가가 군무에 도착했다.

그러자 전양저가 화를 내며 말했다.

"장수는 임명된 날부터 집을 잊고 군문에 임하면 육친을 잊고 전투가 시작되면 자신의 몸까지 버려야 하거늘. 지금 우리는 적과 싸우려고 이곳에 진을 치고 있소이다. 나라의 운명이 그대의 손에 달렸는데, 송별회로 늦었다니!"

고함을 친 전양저는 군법을 다루는 군정軍正을 불러 물었다.

"군법을 어기면 어떻게 하는가?"

군정은 거침없이 말했다.

"참수입니다."

깜짝 놀란 장가는 사람을 보내 경공에게 도움을 청했다. 하지만 전양저는 심부름꾼이 돌아오기 전에 그를 참수해 3군 군사들에게 보였다. 그러자 3군 군사들은 두려움에 떨었다. 이후 전양저는 군사들을 훈련시키고 군대를 재편해 진나라와 연나라 군대를 물리쳤다.

모든 인간은 법 앞에서 평등해야 되지만 과거나 현재나 사회적인 지위에 따라 다르게 적용된다. 신분이 높으면 벌을 받는 경우가 낮고 신분이 낮으면 상을 받는 경우가 드물다. 이것을 타파한 것이 전양저인데, 장군의 권위가 상과 벌이라는 것을 말해주는 좋은 예이기도 하다.

이에 대해 태공망은 이렇게 정리하고 있다.

"장군의 본분은 상대가 높은 신분이라도 죄를 지으면 일벌백

계하여 위세를 지키고, 신분이 낮아도 공과가 있으면 상을 내려 공명을 보여주는 것이다. 한사람을 죽여 군사들이 법을 지키게 된다면 반드시 사형을 집행해야 한다. 한사람에게 상을 내려 군사들의 사기가 오른다면 상을 반드시 내려야 한다. 사형은 귀한 사람일수록 효과가 크고 상은 천한 사람일수록 효과가 높다. 즉 모두가 법 아래에서는 평등하다. 형벌이 상위에까지, 상이 하위에까지 적용된다는 것은 장군의 권위가 유지됨을 말하는 것이다."

대권에서의 승리 비법은 국민들의 일상 생활 속에 들어 있다.

戰攻守禦之具　盡在於人事
전 공 수 어 지 구　진 재 어 인 사

【原文】 싸우고 공격하고 지키고 막는 기구 모두는 백성의 농사에 달려 있다.

초楚나라 장왕莊王은 전쟁에서 승리한 기념으로 문무백관을 초청해 성대한 연회를 베풀었다. 저녁 무렵, 주흥이 무르익어 갈 때 바람에 촛불이 꺼졌고 궁중은 암흑세계로 빠졌다. 이때 어둠 속에서 장왕이 총애하는 비妃가 누군가 자신의 소매를 잡아당기는 것을 느꼈다. 그 순간 비는 그의 관끈을 잽싸게 뽑아들고 장왕에게 말했다.

"폐하! 누군가가 제 소매를 당겼습니다. 그래서 그 자의 관끈을 뽑았습니다. 속히 불을 밝혀 관끈이 없는 자를 색출해주세요."

이 말에 장왕은 이렇게 대답했다.

"오늘은 짐이 모든 대신들을 초대해 대접하는 날이다. 술에 취하면 예의에 어긋나는 일도 있을 게야. 여자의 절개를 위해 짐의 부하를 어찌 탓하겠느냐. 여봐라~ 오늘은 관끈을 뽑지 않고 어찌 즐거움을 누릴 수 있겠는가. 모두들 관끈을 뽑도록 하라.”

장왕의 명에 백 여 명이 넘는 신하들 모두가 관끈을 뽑았고 이윽고 불이 켜지면서 흥겨운 연회가 계속되었다.

3년 후 장왕은 군대를 이끌고 진나라 국경을 침범했다. 서로 다섯 번을 교전했는데, 그때마다 자신을 돌보지 않고 싸움에 임하는 장교가 눈에 띠었다. 군사들은 그 장교의 용맹함에 이끌려 진군을 공격해 크게 무찔렀다. 얼마 후 장왕은 그 장교를 불러 물었다.

“짐은 평소에 그대에게 특별한 대우를 해준 적이 없는데, 왜 목숨을 걸고 싸웠는가?”

“폐하, 3년 전에 취기로 실수를 저질렀습니다. 그런데 폐하께선 너그럽게 용서하셨습니다. 그때부터 목숨 바쳐 폐하의 은혜에 보답하려고 결심했던 것입니다. 이 목숨은 제 것이 아니라 폐하의 것입니다.”

이에 장왕은 기억이 나지 않은 듯 고개를 갸웃거리자 장교가 말을 이었다.

“당시 불이 꺼진 상태에서 비에게 관끈을 뽑힌 범인이옵니다.”

장왕은 그때서야 고개를 끄덕거렸다.

초나라는 이 전쟁에서 승리하면서 점점 강대해져 장왕은 춘추오패의 한사람으로 우뚝 섰다. 이 일화는 전투에서 승리의 바탕은 평범한 일상생활 속에 포함되어 있다는 것을 예시한 것이다. 태공망은 “공격하고 싸우고 막고 지키기 위한 모든 도구는 평상시의 생활 속에 포함되어 있다’ 고 했다.

리더의 실력은 예리한 통찰력과 추리력으로 가늠된다.

勝負之徵 情神先見
승 부 지 징 정 신 선 견

【原文】 승패의 징조는 정신에서 먼저 결정된다.

태공망이 말했다.

"승부의 징조는 정신에서 미리 나타납니다. 명장은 순간적으로 전조현상을 알아차려 즉시 대응에 나섭니다. 무조건 힘으로 공격한다면 장수의 임무가 아닙니다. 정신은 다양한 태도나 행동, 말이나 분위기에서 나타나지요. 명장이 되기 위해서는 적의 공격과 퇴각, 동정 등의 다양한 분위기와 군사들의 화제를 세심하게 관찰해야합니다."

여기에 대한 유형을 보면, 전군의 군사들이 군율을 잘 지키면 장군의 명은 경의로써 실행된다. 적을 물리칠 때 삶의 보람을 느끼고 용맹을 화제로 삼으며, 서로 무훈으로써 평가를 한다. 이것이 군의 강함을 표출해주는 징조이다.

이와 반대로 전군의 동요가 심하고 마음이 산만해지며, 적을 두려워하고 아군의 단점을 수군대며, 유언비어까지 난무하고 군율이 지켜지지 않으며, 장수를 존경하지 않는다. 이것은 군대의 나약함이 표출되는 징조이다.

사람을 다스리는 상석에 앉으려면 통찰력과 추리력을 갖춰야 한다.

리더는 외견外見과 내실內實을 잘 살펴 야만 훌륭한 인재를 얻을 수 있다.

夫士外貌不與中情相應者十五
부 사 외 모 불 여 중 정 상 응 자 십 오

【原文】 선비는 외모가 마음과 맞지 않는 것이 열다섯 가지가 있다.

회남자淮南子에 이런 말이 있다.

"추하지 않는 사람은 제자로 삼지 않겠다."

이 말은 전국시대 학자 공손룡公孫龍이 조趙나라에 있을 때 제 자들에게 남긴 것이다.

어느 날, 남루한 옷차림의 젊은 선비가 제자가 되고 싶다며 공손룡을 찾아왔다. 공손룡이 그에게 장점을 묻자, 이렇게 말 했다.

"목청이 좋기 때문에 큰소리를 낼 수 있습니다."

그러자 공손룡의 제자들이 비웃었다. 하지만 공손룡은 제자 들에게 이렇게 물었다.

"너희들 가운데 큰소리를 낼 수 있는 사람이 있느냐?"

이에 제자들은 이구동성으로 말했다.

"없습니다."

공손룡은 웃으면서 말했다.

"제자로 받아들이겠네."

공손룡이 승낙하자 제자들은 어리둥절한 표정을 지었다.

얼마 후 공손룡은 조나라 사신으로 임명되어 연燕나라로 가던 중 어느 큰 강에 도착했다. 하지만 강폭이 넓고 배는 건너편 나루터에 있었다. 공손룡이 낙심하고 있을 때 젊은 선비가 강 건너편을 향해 큰소리로 뱃사공을 불렀다. 그의 소리를 들은 뱃사공이 배를 저어왔고 일행들은 무사히 강을 건넜다. 이 이야기는 인간의 외견과 내실의 불일치를 말해주는 좋은 예이다.

다음은 태공망이 외견과 내실의 불일치를 정리한 것이다.

첫 번째 외견은 현명하지만 내실이 어리석고, 두 번째 외견은 선량하지만 내실이 탐욕스럽고, 세 번째 외견은 부지런하지만 내실이 태만하고, 네 번째 외견은 청렴하지만 내실이 공경심이 없고, 다섯 번째 외견은 자상하지만 내실이 냉혹하고, 여섯 번째 외견은 맑은 성격이지만 내실이 성의가 없고, 일곱 번째 외견은 지모가 있지만 내실이 결단력이 부족하고, 여덟 번째 외견은 과감하지만 내실이 무능하고, 아홉 번째 외견은 성실하지만 내실이 믿을 수 없고, 열 번째 외견은 모자라지만 내실이 충실하고, 열한 번째 외견은 언행이 과격하지만 내실은 실력이 있고, 열두 번째 외견은 용감하지만 내실이 겁이 많고, 열세 번째 외견은 겸허하지만 내실이 오만하고, 열네 번째 외견은 엄격하지만 내실이 성실하고, 열다섯 번째 외견은 위엄이 없지만 내실이 강건함 등이다.

태공망은 군주가 이런 외견과 내실을 잘 살펴 인재를 등용해야 함을 주장했다.

리더의 장수와 병사들의 장수는 각기 할 일이 다르다.

將有 股肱羽翼七十二人 以應天道
장 유 고 굉 우 익 칠 십 이 인 이 응 천 도

【原文】 장수에게 고굉(팔다리)과 우익(새의 날개)같은 72명을 두고 천도에 응한다.

대장은 군대를 움직이는 생명줄이다. 대장은 시시각각의 변화에 기민하게 조치하고 부하들의 재능에 따라 임무를 부여하며, 장단점에 따라 적재적소에 배치하고 상황에 알맞게 대처해야 한다. 군대는 대장을 중심으로 완벽한 명령체계가 이뤄져야 한다. 이것은 대장을 보좌하는 사람 72명이 자연법칙에 따라 활약해야 한다는 태공망의 주장이다.

72라는 숫자는 자연현상에 따라 1년을 72후候로 구분한 것을 모방한 것이다. 즉 5일이 1후로 3후면 15일인데, 이것을 1절기節氣로 구분한 것이다.(고대 중국인들은 자연변화를 5일 단위로 계산했는데, 예를 들면 대한大寒, 입춘立春, 경칩驚蟄, 춘분春分 등으로 현재까지 우리가 사용하고 있는 24절기를 말한다)

태공망은 72명의 고굉(팔다리)을 상세하게 분류했다.

복심腹心 1명 – 계책과 모략으로 작전총괄을 담당함.

모사謨士 5명 – 군대의 안위와 공죄를 담당함.

천문天文 3명 – 기상氣象의 변화를 담당함.

지리地利 3명 – 지세를 담당함.

병법兵法 9명 – 전투형세 판단과 병기선정을 담당함.

통량通糧 4명 – 식량수송로 확보와 예비식량 비축을 담당함.

분위奮威 4명 – 전광석화 같은 작전수행을 담당함.

복기고伏旗鼓 3명 – 정보수집과 루머를 퍼뜨리는 모략을 담당함.

고굉股肱 4명 – 수비에 필요한 영선營繕을 담당함.

통재通才 2명 – 지휘관의 참모역할과 내객의 환난과 분쟁을 담당함.

권사權士 3명 – 계모計謀의 위급한 상황해결을 담당함.

이목耳目 7명 – 적에 대한 정보나 부대상태 수습을 담당함.

조아爪牙 5명 – 군의 힘, 사기, 병사들의 전의향상을 담당함.

우익羽翼 4명 – 군의 명성을 함양시키고 적의 전의약화를 담당함.

유사遊士 8명 – 적의 감시와 거짓소문으로 민심을 동요시키는 간첩활동
을 담당함.

술사術士 2명 – 신탁神託의 구실로 적을 현혹시키는 임무를 담당함.

방사方士 3명 – 의약에 관한 전반적인 업무를 담당함.

법산法算 2명 – 군의 모든 회계를 담당함.

한나라漢 유방劉邦에게 한신韓信이 이렇게 말했다.

"폐하께선 병사들의 장군은 될 수 없지만, 장군의 장군은 될
수 있습니다."

유방은 자신의 부족한 점을 채워준 명장 한신과 명 참모 장
량張良을 비롯한 유능한 부하들의 강한 지지와 협력으로 한왕
조를 세울 수가 있었다.

윗자리에 있는 사람은 유능하지 않아도 되지만, 자신을 믿고
따르는 유능한 부하들이 있어야 한다.

어질거나 어질지 못함을 구분할 때는 8 가지 징험을 갖춰라.

八微皆備　則賢不肖別矣
팔 미 개 비　즉 현 부 초 별 의

【原文】 여덟 가지 징험을 모두 갖추고 있다면 어질거나 어질지 못함을 구분할 수 있다.

인간이라면 외견과 내실의 불일치를 가지고 있는데, 보통 사람으로선 판단할 수가 없다. 외견으로 사람들에게 무시를 당해도 뛰어난 사람은 그를 알아본다. 하지만 세상에는 외견과 내실을 구분할 수 있는 능력자가 그다지 많지 않다.

하지만 태공망은 이런 능력을 갖추지 않고도 중간간부를 선발할 때 외견과 내실을 판단할 수 있는 8가지 징험을 제시했다.

첫 번째 질문에 대답(회답)하는 방법을 관찰한다. 예를 들면 면접에서의 논리적인 말투, 응답내용, 대답태도, 대답 타이밍 등으로 평소의 태도, 의식, 두뇌회전속도, 지식정도 등을 파악할 수 있다.

두 번째 지속적인 질문에 대한 변화를 관찰한다. 예를 들면 심통적인 면접에서는 회답을 준비할 시간이 없기 때문에 두뇌회전이 중요하다. 여기서 내실이 확실하게 나타난다.

세 번째 비밀리에 일상을 추적하여 상세하게 조사한 후 성실함을 관찰한다. 예를 들면 주변을 통해 품행, 생활태도, 사고, 신념 등을 조사하는 것이다. 여기서 내실을 파악할 수가 있다.

네 번째 솔직한 질문으로 인품을 관찰한다. 예를 들면 대인관계에서 서로가 솔직한 것을 말하는 것이다. 여기서 솔직성과 인품을 파악할 수 있다.

다섯 번째 금전관계를 대입시켜 청렴성을 관찰한다. 이것은 면접의 정통방법으로 맘대로 처리할 수 있는 금액을 제시토록 하는 것이다. 여기서 내실이 파악된다.

여섯 번째 이성을 활용해 정결을 관찰한다. 이 면접은 효과적인 결론을 얻을 수 있다.

일곱 번째 위험을 조장해 용기를 관찰한다. 예를 들면 당황하거나 도망치면 낙제이다.

여덟 번째 음주 후 취한 모습을 관찰한다. 예를 들면 취한상태에서 내실을 파악한다.

전쟁의 패배는 시간과 날짜를 유예 시키는 것이다.

無恐懼 無猶豫 用兵之害 猶豫最大
무공구 무유예 용병지해 유예최대

三軍之災 莫過孤疑
삼군지재 막과고의

【原文】 무서워하지 말고 유예(시간과 날짜를 미룸)하지 말아야 한다. 전쟁의 폐해는 유예가 가장 크고, 삼군의 재앙은 고의(망설임)가 원인이다.

태공망은 말한다.

"탁월한 인물은 천지와 자연의 법칙에 따라 움직입니다. 하지만 이런 상황판단을 잘 알지 못해 오로지 음양법칙의 순리에 따를 뿐입니다. 그렇지 않고 '형세를 무시하고 싸운다면 대군도 필패한다. 전쟁을 잘하는 자는 판세가 승리로 생각되면 병력을 진격시키고 그렇지 않으면 대기시킨다.'고 했습니다. 유리한 기회나 시기를 놓친다면 도리어 화가 미칩니다. 그래서 지장智將은 기회를 놓치지 않고 교장巧將은 망설임 없이 결단을 내리지요. 그래야만 군사들은 천둥에 귀를 막고 번개에 눈을 감는 시간이 없을 정도로 질풍노도 같은 기세로 전투에 임하게 되는 것입니다. 이런 군대와 맞선다면 감히 누가 승리

하겠습니까. 말로서 표현할 수 없는 장수들의 촉은 과히 신神
이고, 보이지 않는 곳까지 파악하는 명明이며, 이런 신명을 아
는 자 앞에는 적이 없고 대립하는 나라도 없습니다."

　전쟁을 결정했다면 망설임 없이 진격해야 된다. 그 이유는
아무리 오랫동안 준비해도 상황이 바뀌면 무의미하게 되기 때
문이다. 한마디로 모든 전쟁은 시간과 결단에 좌우되는데, 현
대사회의 기업경영도 이와 마찬가지다.

장군에겐 예장禮將, 역장力將, 지욕장止 欲將 등의 승리 방법이 있다.

將有三勝
장 유 삼 승

【原文】 장수에겐 세 가지 승리하는 방법이 있다.

장수가 가지고 있는 세 가지 승리 방법은 예장, 역장, 지욕장이다.

예장禮將은 겨울에 털외투를 입지 않고 여름에는 부채를 사용하지 않으며, 비가 내려도 우산을 들지 않는 것이다. 이것은 장수 스스로 군의 규율을 지키지 않으면 병사들만 고생하게 된다.

역장力將은 행군 때 길이 좁고 험한 곳에서는 수레에서 내려 걷는 장수이다. 즉 장수 스스로가 노력하지 않으면 병사의 고생을 모른다.

지욕장止欲將은 병사들의 진지가 먼저 마련된 후에 숙사로 들어가고, 병사들의 식사가 골고루 배분된 후에 식사를 하며, 군중에서 정대로 불을 지피지 않는 장수이다. 즉 장수 스스로 욕망을 억제하지 않으면 병사들의 굶주림을 모른다.

장수는 추위와 더위, 노고, 기포 등을 병사들과 함께 해야만 군사들이 그 의리에 보답하려고 분투한다. 즉 일사분란하게 모든 병사들이 공격 북소리를 들으면 돌격하고, 후퇴 징소리를 들으면 흩어진다. 또한 장수는 전장에서 병사들이 전사하거나 부상당하는 모습을 좋아해서는 안 된다.

무왕이 물었다.

"적의 성을 공략할 때 군사들이 앞 다투어 성벽을 올라가게 하고, 평지 전투에서 진격 북소리에 앞 다투어 돌격하고, 후퇴 징소리에 흩어지게 하려면 어떻게 하면 되오?"

태공망이 말한다.

"장수가 승리할 수 있는 세 가지 방법은 예장, 역장, 지욕장입니다."

이것은 군사들을 용맹하게 싸우게 하려면 평소부터 장수와 군사들 간의 소통이 중요하다는 것을 '3승'으로 응축시킨 것이다.

위魏나라 문후文侯는 병법의 대가 오기吳起를 장군으로 임명했다. 그는 임명 첫날부터 최하 계급의 군졸과 의식을 함께 했고 잠잘 때는 요까지 생략했다. 외출할 때는 가마를 타지 않았고 직접 식량을 등에 지면서 군사들과 고락을 함께 했다.

어느 날 어떤 군사가 심한 종기로 인해 고통을 호소하고 있었는데, 오기가 종기의 고름을 자신의 입으로 빨아 치료했다. 이 소식을 들은 그 군사의 어머니가 한탄하며 말했다.

"지난해 오장군이 그 아이 아버지의 고름을 빨아 치료해주셨지요. 이에 감격한 남편은 용감하게 싸우다가 전사했답니다.

이번에도 그 아이의 고름을 또 빨아주셨는데, 그 아이 역시 제 아버지처럼….”

이와 반대로 한대漢代의 장군 곽거병은 다른 유형이었다. 그는 높은 지위에 있었기 때문에 군사들을 무시했다. 출정할 땐 천자가 하사한 수레 수십 대에 음식을 싣고 다녔다. 귀환할 땐 쌀이나 고기가 썩을 정도로 남았지만, 아이러니컬하게도 굶주리는 군사들이 많았다. 이런 상황이었지만 그는 전장에 나가기만하면 반드시 승리해 많은 공을 세웠다. 이로 인해 관직을 받고 상을 받은 군사들이 많았던 것이다. 물론 군사들과의 소통이 원활하지는 않았지만, 그 대신 병사들은 승진을 위해 싸웠던 것이다.

호도 虎韜

본진에 대한 공격 비결

리더는 성공의 기회를 얻기 위해선 지구력부터 길러야 한다.

擊其不意 攻其無備
격 기 불 의 공 기 무 비

【原文】 불시에 습격해 적이 예상하지 못한 곳을 공격한다.

무왕이 물었다.

"전쟁에서 무혈승리가 가장 좋은 전략인데, 이렇게 되기 위해서는 다양한 전략이 필요하오. 하지만 전쟁이 먼저 시작되었다면 어떻게 하면 되겠소? 국경에서 적군과 대치상태에 있으면 어느 쪽에서도 선제공격할 기회가 있지요. 그렇지만 양군 모두 구축한 진지가 튼튼해 피차 선제공격할 기회가 적습니다. 만약 한쪽에서 공격한다면 반대쪽에서 반드시 반격할 것이오. 이런 때는 어떻게 해야만 하겠소?"

태공망이 말했다.

"진지수비를 튼튼하게 한 다음 지구전을 위장한 공격이 필요합니다. 비밀리에 정예병을 출동시켜 적의 심장을 불시에 습격해 예상하지 못한 곳을 공격해야 합니다."

손자孫子 역시 "무방비를 공격하고, 불의不意에 나아간다."라고 말했다.

서기 196년 오吳나라 손책孫策은 위魏나라 조조와의 결전에 앞서 강남의 모든 적을 평정하기 위해 고릉固陵의 왕랑王朗을 급습했다. 하지만 왕랑이 고릉에서 완강하게 저항하는 바람에 여러 번의 공격에도 실패했다. 그때 손정孫靜이 손책에게 말했다.

"왕랑은 견고한 구축물을 방패로 삼고 있어서 쉽게 함락시킬 수가 없습니다. 이곳에서 몇 십리 밖에 있는 사독査瀆 남쪽에 길이 있는데, 그곳에서 공격한다면 유리할 것입니다. 무방비를 공격하고 불시에 습격하는 것이지요. 제가 군사를 이끌고 선봉을 맡겠습니다."

손책은 손정의 계획을 받아들여 전군에게 거짓 명을 내렸다.

"최근 장마가 지속되어 물이 탁해져서 마실 수가 없게 되었다. 그것을 마신 수많은 군사들이 복통으로 고생했다. 지금부터 수백 개의 항아리를 준비해 맑은 물을 마시도록 하라."

밤이 되자, 오나라 군사는 횃불을 밝히고 종전과 변함없이 공격하는 척하면서 왕랑을 속였다. 이와 동시에 주력부대는 사독으로 전진해 순간적으로 고천둔高遷屯을 습격했다. 더구나 왕랑은 손책이 측면을 돌아 배후로 나아가자, 놀란 나머지 주근의 군사를 전진 배치시켜 공격하게 했다. 하지만 손책은 급조된 왕랑의 군을 순식간에 물리치고 주근까지 죽였다. 드디어 손책은 회계會稽 일대를 평정하게 되었다.

상대와의 승패는 집중력과 상상력의 조화에 달려 있다.

望其壘 則知 其虛實 望其士卒 卽知其來去
망기루 즉지 기허실 망기사졸 즉지기래거

> 【原文】 적의 보루(망루)를 바라보면 적의 허실을 알 수 있고, 적의 병사들을 관찰하면 적의 움직임을 알 수 있다.

위쪽에 있는 자는 하늘의 도와 자연법칙에 따르고, 아래쪽에 있는 자는 지리를 파악해 지세를 활용해야 한다. 중간에 있는 자는 인간관계를 파악해 승패의 기회를 잡아야 한다. 이 말을 풀이해보면, 높은 망루나 산에 올라 적의 움직임을 살피고, 적의 방루防壘(망루)를 살펴 단점을 파악하고, 적의 군사를 보면서 그들의 행동을 예측해야 승리할 수 있다는 것이다.

태공망은 위쪽에 있는 자의 조건에 대해 매우 엄격하게 말하고 있다. 그렇다면 방루를 살펴 적의 허실을 알고, 사졸을 보면서 그들의 동태를 파악할 수 있을까? 이에 대한 태공망의 답은 집중력과 상상력이라고 했다.

예를 들면 귀를 집중해도 적의 북소리나 징소리가 들리지 않고, 적의 방루 위에는 많은 새들이 날고, 먼지나 연기를 비롯한 인기척을 느낄 수가 없다면, 적이 인형을 군사로 위장시키고 있음을 판단할 수가 있다.

또 적이 갑자기 움직이다가 곧바로 원위치한다면 이것은 작전계획이 변경된 것이다. 작전계획이 갑자기 변경된다는 것은 전후의 맥락이 끊어져 혼란이 야기된 것이다. 이런 상황을 종합해 급습한다면 소수의 병력으로도 대군을 얼마든지 물리칠 수 있다.

현실에서도 이런 전략이 먹히고 있는데, 즉 아무 의미도 없이 평범하게 보이는 개개인의 사고도 다시 한 번 세밀하게 배열해보면 예측이 가능할 것이다.

위기에 처했을 때 상대를 피곤하게 만 드는 교란작전으로 돌파한다.

或出其左 或出其右 去敵 無過百步
혹출기좌 혹출기우 거적 무과백보

【原文】 혹은 왼쪽 혹은 오른쪽으로 나아가면서 적과의 거리가 백 걸음을 넘지 말아 야 한다.

무왕이 물었다.

"적군은 아군의 기밀과 계략까지 미리 파악하고 있소. 아군 이 행하면 금방 정예부대를 길목에 잠복시킨다오. 그런 다음 아군을 급습하고 중요부대까지 공격하고 있다오. 이런 상황 일 때 어떻게 하면 되겠소?"

이것을 일상생활과 연관시켜보면, 어떤 일이 막혀 다른 방법 으로 전환하려고할 때 금방 상대에게 알려져 실패하거나, 방 해를 받아 견제당하는 경우가 많다. 그래서 무턱대고 일을 믿 고 맡길 수가 없는 것이다.

태공망은 이런 사람을 굴복시킬 방법을 말했다.

"전투에서 아군을 투입시켜 매일 싸우게 하면 적은 당연히 피로하게 됩니다. 이와 동시에 노병들에게 명해 싸리나무를 끌고 다니며 먼지를 일으키게 해서 대군으로 위장시킵니다. 또 북을 치고 큰소리로 함성을 지르면서 적의 진영 좌우와 정면에 번갈아 나타나게 합니다. 이렇게 하면 적장은 아군의 움직임을 헷갈려 할 것이고 적의 군사들은 공포에 휩싸이게 될 것입니다. 이런 상황에 처하면 적군은 아예 공격할 엄두조차 내지 못할 것입니다. 그래서 아군의 전 병력을 활용해 밤낮으로 싸움을 부추기고, 때론 적의 진영 내부를 불시에 습격하고, 외부 진영을 공격하다보면 기회가 생길 것입니다. 이때 삼군이 동시에 급습하면 승리할 것입니다."

 이 내용은 태공망의 교란작전이다. 지친상대를 공격하면 평소 거북한 상대라도 녹다운 시킬 수 있다. 거북한 상대가 존재한다는 것은 자신의 정신적 약점이기도 하다.

생각이 깊을수록 방어할 수 있고, 방어할 수만 있다면 화를 면할 수 있다.

凡三軍 以戒爲固 以怠爲敗
범 삼 군   이 계 위 고   이 태 위 패

【原文】 무릇 삼군은 경계를 잘하면 견고해지고 게으르면 패한다.

무왕은 물었다.

"적진 깊숙이 침입했는데, 기후적인 악조건에서 적과 싸우게 되었소. 더구나 10일 동안 밤낮으로 비가 내려 파놓은 참호가 무너지고 견고했던 진지까지 허술해졌다오. 더구나 척후는 임무를 수행하지 않고 군사들의 경계도 느슨해졌소. 또 적이 야습夜襲해오면 아군은 그에 대한 대비가 없어 공황상태에 빠질 것이오. 이런 악조건 아래서는 어떻게 하면 되겠소?"

태공망이 말했다.

"군대의 안전이란 경계를 엄하게 서기 때문에 유지됩니다. 만약 경계를 게을리 한다면 이것은 패한 것이나 다름없지요."

경계가 느슨하고 무방비 상태에서 적군이 급습한다면 전군의 전의 상실은 당연하다. 이것은 자업자득으로 이런 상황을 모면할 수 있는 처방은 없다.

막다른 골목에 몰린 상황에서의 탈출은 신속한 반격뿐이다.

暴用之則勝 徐用之則敗
폭 용 지 즉 승 서 용 지 즉 패

【原文】 신속히 싸우면 승리하고 느슨하게 싸우면 패한다.

축蜀나라 건흥 5년, 제갈공명은 촉의 전군을 출동시켜 한중漢中으로 집결시켰다. 이듬해 건흥 6년 봄, 제갈공명은 조운趙雲과 등지鄧芝에게 기곡箕谷을 공격하라고 명했다. 이에 위魏나라 대장군 조진曹眞은 전군에게 명해 방어토록 했다. 이 틈을 노린 제갈공명은 주력부대를 기산으로 출병시켰다. 기산은 험한 지형으로 수비가 유리했고 공격이 불리했다. 촉군의 사상자가 엄청나게 늘어났다. 그러자 위연魏延이 나서서 제갈공명에게 말했다.

"장안을 수비하는 안서장군安西將軍 하후무夏候楙는 나이가 어리고 위주魏主의 사위이기도 합니다. 그는 겁이 많고 분별력이 없다고 합니다. 저에게 정병 5천을 주시면 포중褒中에서 출발해 진령秦嶺을 거쳐 동쪽 자오子午로 가서 그곳에서 북쪽으로 향하면 10일 안에 장안에 도착할 수 있습니다. 하후무는 아군의 출현을 알게 됨과 동시에 배를 타고 도망칠 것입니다. 그렇게 되면 장안엔 어사御史와 경조京兆 태수만 남을 것입니다. 또한 횡문橫聞의 집들과 도망친 백성들이 남겨둔 식량으로 군량이 확보될 것입니다. 그리고 동쪽에서 출발한 부대와 만나려면 20일쯤 소요되지만, 야곡을 거친다면 충분한 시간 내에 도착할 수 있습니다. 그렇게 되면 단번에 함양 이서以西를 함락시킬 수 있을 것입니다."

이 말은 다양한 정보를 분석한 결과에서 나온 작전으로 단시간에 싸우면 반드시 승리한다는 계획이다. 물론 완벽한 작전계획일지라도 반드시 성공한다는 보장은 없다. 그래서 신중을 기하는 제갈공명으로선 위험한 도박이었을 것이다.

태공망은 막다른 골목까지 몰린 곤병困兵에 대한 해답은 신속하고 과감한 반격 외엔 길이 없다고 했다.

어쨌든 제갈공명은 위연의 제안이 너무 위험하다며 듣지 않았다. 제갈공명은 마속馬謖을 선봉장으로 삼아 양평관陽平關을 우회해 무도武都와 천수天水를 지나 기산에 도착한다는 정면 돌파작전을 선택했다.

하지만 중장비를 다루는 군사들을 험한 숭산崇山으로 행군시켜 쓸데없는 시간낭비와 군사들을 지치게 했다. 또한 위나라 군에게 방비를 튼튼히 하는 시간까지 벌어주었던 것이다. 엎친 데 덮친 격으로 선봉장 마속의 전술실수로 가정街亭전투에서 위나라 장합에게 패하는 바람에 제갈공명의 촉군은 더더욱 곤경에 빠졌다. 제갈공명은 어쩔 수 없이 부대를 퇴각시킬 수밖에 없었다.

리더는 참모들이 부패하기 전 미리 대비 해야만 아랫물이 맑아진다.

必察地之形勢 務求便利
필 찰 지 지 형 세   우 구 편 리

【原文】 반드시 적지의 지형을 잘 관찰한 다음 편리한 곳을 얻는다.

무왕이 물었다.

"적진 깊숙이 들어갔는데, 적군이 보급로와 퇴로까지 막았소. 출격해 싸우려고 해보지만 승리할 희망이 없으며, 튼튼한 방비로 지키려 해도 군량미가 바닥날 것이오. 이런 경우엔 어떻게 해야 하오?"

태공망이 말했다.

"시기를 놓치기 전에 미리 빈틈없는 대책을 강구해야 합니다. 적진 깊숙이 공격해 승리하기 위해서는 산림과 험한 지세, 샘과 숲 등 유리한 위치를 미리 접수하고 이것을 활용해 견고한 진지구축을 해야만 합니다. 또 관새關塞나 교량橋梁의 수비를 강화시키고 도시와 구릉丘陵, 묘지墓地등 이용할 수 있는 지형까지 꿰뚫고 있어야 합니다. 이렇게 한다면 아군의 수비가 견고해져 보급로가 차단될 수도 없고 퇴로 역시 막히지 않습니다."

춘추좌씨전春秋左氏傳에 이런 얘기가 있다.

진晉나라 경공景公이 병이 들어 중태에 빠졌다. 그래서 진秦나라에 의사를 부탁하자, 진나라 환공桓公은 완緩을 파견했다. 경공은 그가 도착하기 전에 꿈을 꾸었는데, 자신의 병이 두 아이로 변신해 서로 이야기를 주고받았다.

"그는 명의인데, 우리가 혼쭐날 것이야. 그럼 어디로 도망치지?"

"황지상고지하(횡격막 위, 심장 밑)에 있으면 손쓸 수가 없을 거야."

얼마 후 완이 도착해 경공을 진맥한 다음 이렇게 말했다.

"치료할 방법이 없군요. 병이 이미 황지상고지하에 들어 있기 때문입니다. 이곳은 침도 닿지 않고 약도 통하지 않습니다."

경공은 얼마 후 죽고 말았다.

여기서 '병입고황(병이 고황에 들다)'라는 고사성어故事成語가 생겨났다. 이것은 감당할 수 없는 상황을 빗댄 말이다. 병은 조기발견과 조기치료가 중요한데, 중병으로 발전할 때까지 내버려둔다면 치료할 수가 없다. 즉 전투에 임하기 전 지형을 세밀하게 관찰하고 방비해두면 적의 공격을 막을 수가 있는 것이다.

리더가 사이비종교에 빠지면 민중들이 흩어진다.

發我遠候 注視其動靜 審候其來
발 아 원 후   주 시 기 동 정   심 후 기 래

【原文】 척후병을 보내 적의 동태를 살핀 다음 적이 오는 것을 세밀하게 파악해야 한다.

과거나 현재나 정보가 매우 중요한데, 이것에 대해 손자가 이렇게 강조하고 있다.

"현명한 군주와 장군이 움직여 승리하는 확률이 많은 것은 선지先知가 있기 때문이다. 선지란 귀신에게 빠지거나 어떤 일을 모방하거나 법도를 사용해서는 안 된다. 반드시 사람을 시켜 적의 동태를 관찰해야만 한다."

우세한 적군을 보고 아군의 군사들이 전의를 상실해 승리가 어려워졌다면, 먼저 적의 동태를 파악하면서 습격에 대한 정보를 사전에 입수해야만 한다. 왜냐하면 군사들의 동요를 막을 수 있고 적의 동태에 따라 확실한 대응조치를 사전에 마련할 수 있기 때문이다.

그래서 태공망은 적의 동태를 살피는 일반적인 척후보다 훨씬 깊이 적의 내부로 간첩을 침투시켜 적의 움직임과 내습에 대한 세밀한 정보를 입수하라는 것이다.

하왕조夏王朝 말기, 이윤伊尹은 탕湯임금의 비인 유신씨有莘氏의 몸종이었다가 탕임금에게 발탁되면서 상나라 국정을 맡았다.

당시 하나라 걸왕桀王은 나라의 정사를 돌보지 않고 미인을 선발해 후궁에 앉혔으며, 광대와 이야기꾼과 마술쟁이를 불러 밤낮으로 총비 말희末喜와 함께 술과 향락에 빠져 살았다.

이에 은나라 탕임금은 군사를 일으켜 걸왕을 축출할 생각을 했다. 하지만 군사적으로 우세한 하나라에 비해 은나라는 너무나 약했고 대의명분을 앞세워도 승리할 가망이 없었다. 그러자 이윤은 하나라에 대한 고급정보를 수집하기 위해 스스로 그곳으로 가겠다며 탕임금에게 제안했다.

탕임금은 간첩행위에 대해 공명하지 못함을 느껴 승낙하지 않았다. 하지만 군사적으로 우세한 하나라를 무찌르기 위해서는 고급정보에 의지할 수밖에 없었다. 그래서 탕임금은 마침내 승낙을 했다.

걸왕의 총비 말희는 정조관념이 없는 여자였다. 하나라로 잠입한 이윤은 말희를 꼬드겨 잠자리를 함께 했다. 그는 침실에서 그녀로부터 필요한 모든 고급정보를 입수한 다음 은나라로 귀국했다.

얼마 후 은나라 탕임금은 군사를 일으켜 하나라를 공격했다. 군사가 압도적으로 우세한 하나라였지만, 결국 은나라에 패하고 말았다. 열세인 탕의 군대가 하나라에 승리할 수 있었던 비결은 이윤이 수집한 고급정보 덕분이었다.

리더는 유언비어에 속아 충신을 내치지 말아야 한다.

용감하게 싸우면 살고 용감하게 싸우지 않으면(비겁하게 싸우면) 목숨을 잃는다.

제齊나라 민왕 17년, 연나라 소왕昭王은 악의樂毅를 상장군으로 삼아 진나라, 한나라, 조나라, 위나라와 함께 제나라를 공격했다. 악의는 제나라 군사를 전멸시키고 제나라 70여 개 성을 함락시킨 다음 단숨에 수도 임치까지 점령했다. 그러자 제나라 민왕은 거성으로 피신했고 장군 부대는 즉묵即墨에서 버티고 있었다.

연나라 군대가 민왕이 피신한 거성을 공격했지만, 견고한 수비로 실패했다. 적에게 포위당한 전단은 장군 악의를 경질시킨다는 공작을 계획했다.

때마침 연나라 소왕이 죽고 악의와 사이가 불편했던 태자가 혜왕惠王으로 왕위에 올랐다. 기회를 포착한 전단은 간첩을 활용해 악의가 왕이 되려고 음모를 꾸민다는 유언비어를 퍼트렸다.

"연나라 군대가 제나라 포로의 코를 자른 후 그들을 앞장세워 공격하는 것이 걱정이다. 그렇게 되면 성내 백성들은 기가 꺾여 즉묵이 패하게 될 것이다!"

연나라 군대는 전단의 말대로 행했고 이를 본 즉묵성 백성들은 분개해 싸울 결의가 불탔다. 전단은 또다시 간첩을 보내 이런 정보를 퍼뜨리게 했다.

"연나라 군대가 즉묵성 밖의 무덤을 훼손해 조상들을 욕보일까 걱정이다. 이렇게 되면 백성들이 슬픔에 빠져 사기가 떨어질 것이다."

연나라 군대는 전단의 말대로 성 밖의 무덤을 모조리 파헤친 다음 시체를 꺼내 훼손하고 불태웠다. 즉묵성 백성들은 이에 피눈물을 흘리면서 목숨이 붙어 있을 때까지 싸우겠다는 다짐했다.

전단은 성내 백성들의 굳은 결의를 파악한 후 거짓으로 항복하겠다며 연나라 군대를 안심시켰다. 그리고 한밤중에 소 1천여 마리의 몸에 붉은 옷을 입히고 뿔에 칼을 고정시킨 다음 기름을 묻힌 꼬리에 불을 붙여 성 밖으로 내몰았다. 꼬리에 불이 붙어 놀란 소떼는 연나라 군영으로 돌진했다.

긴장을 풀고 있던 연나라 군사들은 불소의 등장으로 갈팡질팡했고 뿔에 고정시킨 칼에 찔려 많은 사상자가 발생했다. 뒤이어 분노로 뭉쳐진 5천 여 명의 장사들까지 공격에 가담했다. 마침내 연나라 군대는 크게 패하면서 장군 기겁도 전사하고 말았다. 이런 여세로 즉묵성의 병사들은 달아나는 연나라 군대를 추격하면서 제나라의 잃어버린 땅을 회복했다.

기회가 왔을 때 과감하게 실행하지 않으면 지도자에게 화가 미친다.

必出之道 器械爲寶 勇鬪爲首
필 출 지 도 기 계 위 보 용 투 위 수

【原文】 확실하게 탈출하는 방법은 병기가 보배이고 용감하게 싸우는 것이 최고다.

무왕이 질문했다.

"적진 깊숙이 군대를 이끌고 들어갔다가, 적에게 포위당해 퇴로가 막히고 보급로까지 끊겼소. 더구나 적군은 병력이 많고 군량미까지 풍부하며, 험한 요새에 진을 치고 수비까지 굳건하오. 이런 상황에서 아군은 어떤 방법으로 포위망을 뚫으면 되겠소?"

태공망이 대답했다.

"포위망을 뚫기 위해서는 기계무기가 좋겠지만, 용감하게 싸우려는 마음이 더 중요합니다. 적인敵人이 신경 쓰지 않고 곳(심리적 허점이 있는 사각지대)과 공허空虛한 곳(수비가 허술한 지역)을 파악한다면 탈출에 성공할 수 있습니다."

아무리 견고한 포위망이라도 반드시 허점이 있다. 그곳을 찾아 확실하게 탈출할 수 있다는 단호한 마음과 적절한 기계무기만 있으면 탈출에 성공할 수가 있다.

진秦나라 혜왕惠王은 제齊나라를 침공하려고 맘먹었다. 하지만 제나라는 초楚나라와 동맹관계였다. 혜왕은 이를 깨뜨리기 위해 장의를 초나라로 파견해 이렇게 말하게 했다.

"진나라는 제나라를 매우 미워하고 있지요. 제나라와 초나라는 동맹관계인데, 만약 초나라가 제나라와의 동맹을 단절한다면 상商과 어於의 땅 6백리를 주려고 합니다."

욕심 많은 초나라 회왕懷王은 제나라와 국교를 단절하고 땅을 받기 위해 진나라로 사자를 보냈지만, 장의는 시치미를 뚝 떼면서 말했다.

"허~ 6리라고 말했는데, 6백리라니요?"

화가 난 초나라 사자는 귀국해 회왕에게 보고하자, 크게 화를 내고 대군을 출동시켜 진나라를 공격했지만 대패하고 한중 땅만 빼앗겼다. 얼마 후 진나라는 한중 땅을 돌려주면서 초나라와 화해를 청하자 회왕이 이렇게 말했다.

"땅을 찾을 생각이 없다. 그 대신 그 땅을 장의에게 주기를 원한다."

이 말을 전해들은 장의가 말했다.

"내 한 몸뚱이가 한중 땅과 맞먹는다면 기꺼이 받겠습니다."

장의가 초나라에 도착하는 순간, 회왕은 그를 잡아 옥에 가둔 다음 자신의 울화를 해소하려고 했다. 하지만 장의는 사전에 초나라 근상에게 뇌물을 받쳐 질투심이 많은 회왕의 총비 정수鄭袖를 찾아가 이렇게 말하라고 부탁했다.

"진왕은 장의를 사랑하는데, 회왕은 그를 죽이려 하십니다.

이에 진왕은 상용上庸의 땅을 받치고 미인을 헌상해 그를 석방
토록 부탁하고 있지요. 만약 진나라 미인이 온다면 그대는 밀
려날 것이오. 그래서 하루빨리 장의를 석방하는 편이 좋을 것
입니다."

이에 정수는 회왕에게 장의를 석방할 것을 간청했고, 회왕은
사랑하는 비의 부탁을 거절하지 못해 석방시키고 말았다. 이
런 사실을 뒤늦게 알게 된 굴원屈原은 회왕을 책망했다.

"왕께서는 왜 그놈의 목을 베지 않았습니까?"

굴원의 말에 정신을 차린 회왕은 추격대를 보내 장의를 쫓았
지만 이미 때가 늦었다. 장의는 도저히 탈출할 수 없는 상황에
서 멋진 계략으로 살아서 귀국했던 것이다.

화공작전은 화공작전으로 위기를 극복해야 한다.

見火起 卽燔吾前而廣延之 又燔吾後
견 화 기 즉 번 오 전 이 광 연 지 우 번 오 후

【原文】 불이 일어나는 것(화공)을 보면 곧바로 아군진영 앞에 맞불을 질러 불길이 널리 번지게 하고 아군진영 뒤에도 불을 질러라.

전쟁에서 불을 사용하는 화공작전이 많이 활용되었음은 동서고금을 통해 알 수 있다. 건안建安13년(서기 208년) 가을, 위왕魏王 조조는 20만 대군과 함께 장강長江을 내려갔고, 오吳나라 손권孫權과 촉蜀나라 유비 연합군이 대항했다. 오나라 장군 주유는 3만 병력과 적벽赤壁에서 장강을 중간에 두고 조조와 마주했다. 이때 주유의 부장部將 황개黃蓋가 조언했다.

"조조의 군선軍船 모두를 쇠사슬로 연결했기 때문에 화공작전으로 태워버리면 어떻겠습니까?"

주유는 황개를 시켜 조조에게 거짓 투항하는 편지를 보내게 하고 투항 일시까지 약속했다. 겨울이었기 때문에 서북풍이 불었지만, 투항을 약속한 날 그 시간엔 동남풍으로 바뀌었다.

황개는 기름과 마른풀을 배에 싣고 조조진영으로 향했다. 조조진영 2리里까지 접근해 배에 불을 붙이고 돛을 올려 동남풍을 받게 한 다음 조조군선에 부딪치게 했다. 조조군선은 모두 쇠사슬로 연결되어 움직일 수 없었기 때문에 순식간에 불바다가 되었다. 더구나 심한 동남풍까지 불어 강가의 조조군영까지 불이 옮겨 붙었다. 이때 주유는 정예부대로 급습해 조조군을 무찔렀는데, 이것이 바로 적벽대전이다.

이처럼 화공은 효과가 큰 공격수단이었지만, 화공을 당하는 상대로선 그냥 당할 수밖에 없었을까? 이것에 대한 무왕의 물음에 태공망은 말했다.

"높은 망루에서 먼 곳을 관찰할 때 적의 화공이 시작됨을 발견하면, 즉시 아군은 맞불을 질러야 하고 후방에도 불을 질러 태우면 됩니다. 이렇게 하면 적의 화공을 피할 수 있습니다. 이후 적이 공격해오면 아군은 뒤로 물러서서 후방의 불탄 자리에 진지를 갖춥니다. 만약 적이 후방에서 기습하면 아군 쪽에서 화공작전을 펼치면 됩니다. 그러면 적은 타오르는 불길에 밀려 퇴각할 것입니다. 이어 아군은 불탄 자리에 견고한 진영을 갖추고 저격병과 정예부대로 하여금 좌우를 방비하면 됩니다. 또다시 아군진영의 전후를 불로 태운다면 적은 공격할 수가 없답니다."

큰 것을 얻기 원하는 리더는 지구전을 활용하면 된다.

絕其糧道 圍而守之 必久其日
절 기 량 도 위 이 수 지 필 구 기 일

【原文】 군량보급로를 차단하고 포위해 지킨다면, 반드시 오랫동안 버틸 수 있다.

성이란 적의 침입을 막기 위해 구축된 방어시설이다. 수비가 견고하다면 쉽게 함락되지 않는다. 이런 성을 함락시키려면 지구전과 지략이 필요하다. 그렇지 않고 무작정 성을 공격한다면 희생만 클 뿐이다.

서진西晉 말년이었다. 진나라 왕조가 쇠퇴기로 접어들면서 정치가 어지러워져 매년 전란이 지속되었다. 이런 틈을 노린 석륵이 후조後趙를 세워 스스로 제帝가 되었다.

석륵은 정예병을 이끌고 황하하류 일대를 누비면서 수춘壽春을 급습했다. 하지만 석륵의 군대는 급습도중 약탈을 일삼다가 진나라 복병에게 허를 찔려 대패하고 퇴각했다.

이때 진나라 군대가 계속 추격하려고 했지만, 석륵의 복병이 두려워 수춘으로 철수했다. 이튿날 석륵의 군대가 전진했는데, 진나라 군대가 성을 방어 삼아 수비를 튼튼히 하고, 일대의 식량과 물자를 모두 숨겼다. 그러자 석륵의 군대는 약탈할 것이 없어지고 군사들은 굶주림을 참지 못해 서로 잡아먹을 정도가 되었다.

앞에서 언급했지만 성을 공격한다는 것은 정말 위험하다. 성을 함락시키지 않고서는 식량이나 땅을 얻을 수 없기 때문이다. 이에 대해 태공망이 말했다.

"전군을 3개로 나눠 신중하게 지형을 관찰한 다음 진지를 구축합니다. 1개 군은 적의 별군소재와 그에 따른 주요 성과 외성 등을 면밀히 조사해 대처시킵니다. 주력군은 교전하지 않는 대신 먼저 적의 보급로를 차단하고 포위망을 구축해 지구전에 돌입합니다. 식량이 떨어져 적이 초조해질 때 일부러 포위망 한쪽을 열어 도망갈 길을 만들어 둡니다. 적은 포위망을 뚫기 위해 먼저 결사대를 보내 이곳을 공격할 것이기 때문에 1개 군은 도망가는 길목에 매복시킵니다. 적은 결사대가 무사히 탈출에 성공한 것으로 생각해 모든 주력군이 탈출을 시도할 것입니다. 이때 아군은 이들을 추격해 완전히 패주 시키면 됩니다. 이렇게 되면 적은 반드시 항복할 것입니다. 하지만 아군이 주의해야 할 것은 적의 재화를 태우거나, 수목을 태우거나, 투항한 적은 죽이지 말아야 합니다."

한마디로 요약하면 적의 보급로를 차단해 전투력을 약화시키는 전략은 무혈로 승리하는 것과 같은 이치다. 하지만 이런 전략은 시간을 오래끌어야만 성공할 수가 있는 것이다.

표도 豹韜

임기응변의 비결

적의 후방을 교란하는 것도 큰 승리를 가져올 수 있다.

名曰 突戰
명왈 돌전

【原文】 이것을 돌전突戰이라고 부릅니다.

무왕이 물었다.

"멀리 있던 적의 대군이 갑자기 아군진영 깊숙이 쳐들어와 약탈하고 우마까지 유린하면서 성 밑까지 진격했소. 아군은 전의를 상실하고 많은 백성들이 사로잡혔다오. 이럴 때 성을 튼튼히 지키고 적을 무찌르고 싶은데, 어떤 방법이 있소?"

태공망이 대답했다.

"이렇게 쳐들어가는 군을 돌군突軍이라고 합니다. 진격을 서두르면 우마에게 꼴을 충분히 주지 못하고 병사들의 양식도 넉넉하지 못하지요. 순발력은 좋지만 지구력이 부족하답니다.

그래서 다른 곳의 별군에서 돌군 정예병을 선발해 캄캄한 밤에 신속하게 적군을 공격한다면, 대군이라도 격파할 수 있고 적장까지 생포할 수 있습니다. 전격전은 특정한 공격목표에 대해서는 무섭지만, 예상 밖으로 약점이 있지요."

무왕이 다시 물었다.

"적군이 3~4대로 나눠 영토를 침범해 점령지의 우마를 약탈하고 주력부대가 도착하지 않았음에도 이들의 행위에 아군들이 불안에 떨며 동요하고 있다오. 이런 상황을 어떻게 하면 되겠소?"

태공망이 대답했다.

"만약 적의 전군이 지금까지 집결하지 못했다면, 그 틈을 이용해 수비를 튼튼하게 구축하고 성에서 4리 떨어진 지점에 보루를 쌓아 징과 북, 깃발을 갖다놓고 별동대를 복병으로 잠복시킵니다. 보루 위에는 많은 강노強弩(여러 개의 화살이 잇따라 발사되는 활)를 설치하고 1백보마다 돌출문突出門을 만듭니다. 장애물을 문에 설치해 적의 침입을 예방하고 전차대와 기병대는 보루 밖에 배치하며, 보병은 보루 밑에 숨깁니다. 적이 습격하면 가볍게 무장한 병사를 투입해 싸우게 하다가 도망치는 것처럼 위장해서 적을 속입니다. 성에 깃발을 가득 세우고 북을 요란하게 치면서 수비를 튼튼하게 만드는 것처럼 위장합니다. 그러면 적군은 아군이 성문을 굳게 닫고 수비를 튼튼하게 한다고 믿어 성 밑으로 공격할 것입니다. 그때 대기하고 있던 복병이 적의 중앙이나, 바깥쪽을 공격하면 됩니다."

이처럼 적의 앞뒤를 친다면 용감하거나 발이 빠른 병사라도 대응하지 못하고 패할 것이다. 하지만 전격전의 공통약점은 지구력이 없고 반복할 수 없는 것이다.

불리할 때 일수록 기다림의 미학이 최상의 전략이다.

見便則戰 不見便則止
견 변 즉 전 불 견 변 즉 지

【原文】 유리함은 찾으면 싸우고 불리함을 찾으면 멈춘다.

무왕이 "군대를 이끌고 제후의 땅으로 깊이 쳐들어갔을 때, 큰 숲이 가로막고 있소. 그 숲속에 숨어 있는 적과 대치할 때 이기려면 어떻게 하면 되겠소?"라고 물었다. 그러자 태공망이 "유리하게 생각하면 싸우고 불리하게 생각하면 지구전을 펼쳐 기회를 노리면 됩니다."라고 대답한 것이다.

한漢나라 유방劉邦과 초楚나라 항우項羽가 천하의 패권을 다투고 있을 때였다. 한나라 장군 한신韓信이 제齊나라를 공격해 수도 임치臨淄까지 진격했다. 제齊왕은 초나라에 사자를 급파해 구원을 요청했다. 그러자 초나라는 용저를 대장군으로 삼아 20만의 대군을 파견했다. 용저는 제나라 군대와 연합해 한신과 싸우려고 했을 때 어떤 사람이 진언했다.

"한나라의 군대는 적지로 들어와 싸우기 때문에 물러설 곳이 없어 열심히 싸울 수밖에 없습니다. 그래서 예봉이 꺾이지 않습니다. 아군은 자신의 지역이기 때문에 불리하면 집으로 도망칠 수가 있습니다. 그래서 결전을 피하고 망루를 견고하게 보강한 후 사자를 보내 빼앗긴 제나라 성읍을 우리 쪽으로 돌아서게 만들어야 합니다. 그것은 공략당한 성읍 역시 제나라 왕이 건재하고 초나라 원군까지 왔다고 하면 반드시 한나라와 싸울 것입니다. 이렇게 되면 먼 길을 원정한 한나라 군대는 식량을 구하지 못해 싸우기도 전에 항복할 것입니다.”

하지만 용저는 이 말을 무시한 채 말했다.

“한신은 겁쟁이다. 제나라를 구원하러 왔는데, 싸움도 없이 적이 항복한다면 내 입장이 무엇이 되겠는가. 싸워서 승리하는 것만이 나에게 주어진 임무다.”

용저는 유수를 사이에 두고 한신과 대치했다. 어느 날 밤, 한신은 1만여 개의 모래자루를 이용해 유수상류를 막자 하류는 개천이 되었다. 얼마 후 이를 모르는 용저의 군사들은 얕은 유수를 절반쯤 건넜을 때 한신이 공격해 왔다. 용저의 군대가 맞서 싸우자 한신의 군사는 패한 척하면서 달아났다. 이에 용저가 기뻐하면서 군사들에게 명했다.

“한신은 겁쟁이다! 어서 쫓아라!”

그 순간, 한신은 상류를 막은 모래자루를 무너트렸는데, 갑자기 하류로 급류가 내려오면서 용저의 군사 50% 이상이 수장되었다. 한신은 기회를 놓치지 않고 공격해 용저의 목을 베었다.

사방이 무방비일 때 지도자는 변화무쌍한 변화를 보여야만 헤어날 수가 있다.

所謂烏雲者 烏散而雲合 變化無窮者也
소 위 오 운 자 오 산 이 운 합 변 화 무 궁 자 야

【原文】 소위 오운(오운진烏雲陣)은 까마귀처럼 흩어지고 구름처럼 모이듯 변화가 무궁한 것이다.

태공망이 말했다.

"몸을 은신하는 초목조차 없는 무방비 상태의 높은 바위산이나 촌락이 없을 때는 물가에다 오운의 진을 구축해야 합니다."

은신할 곳조차 없는 사방이 탁 트인 곳이라면 음양에 따라 모든 방향을 대비하는 오운의 진이 필요하다. 오운의 진은 산 남쪽에 있으면 북쪽을 향해 방비하고 북쪽에 있으면 남쪽을 향해 방비하는 것이다. 동쪽에 있으면 서쪽으로, 서쪽에 있으면 동쪽으로 방비함을 말한다. 한마디로 의식의 단점이 되는 쪽으로 방비를 튼튼하게 하는 전방위 방어태세인 것이다.

이처럼 태공망은 군대의 배치와 기타에 대해 상세하게 전하고 있지만, 공격무기가 전혀 다른 현대와는 비교할 가치가 없다.

송나라 조위曹瑋는 위주渭州의 지방관이었는데, 군기가 엄해

서하西夏 사람들이 두려워하는 존재였다. 어느 날 그는 부장들과 함께 술을 마시고 있을 때, 수천 명의 군사가 탈출해 서하로 도망쳤다는 보고를 받았다. 이때 다른 부장들은 얼굴색이 변했지만, 조위는 전혀 동요하지 않고 태연스럽게 말했다.

"군사들은 내 명령에 따라 움직인다. 그래서 떠들면 도리어 불리해진다."

이 말을 들은 서하 사람들은 도망친 자들이 송나라 간첩이라며 모두 붙잡아 죽였다.

송사宋史에 이런 기록이 있다.

'조위는 자신의 정신내부에 오운의 진을 쌓고 있었을 것이다. 사람의 생각과 신념은 외물外物에서 촉발되어 나타나면서 지속된다. 그렇지만 외물의 자극이 없어지면 곧바로 사라진다. 이것이 반복되면서 또 다른 생각과 신념이 생기게 되는 것이다. 사람의 의식은 어떤 생각과 신념에 빠지면 다른 생각과 신념은 끼어들지 못한다. 이것을 오운의 진이라고 한다.

상대를 이기기 위한 최고의 전략은 본인의 약점부터 보완하는 것이다.

處山之左 急備山之右 處山之右 急備山之左
처산지좌 급비산지우 처산지우 급비산지좌

【原文】 산 왼쪽에 주둔했을 때는 산의 오른쪽을 급히 수비하고, 산의 오른쪽에 주둔했을 때는 산의 왼쪽을 급히 수비하라.

무왕이 물었다.

"좁고 험한 산길에서 적과 마주쳤을 때 어떤 방법으로 그들의 공격을 피하고 아군의 안전을 지킬 수 있겠소?"

태공망이 대답했다.

"산 왼쪽에 있을 땐 급히 산 오른쪽 방어에 치중하고 산 오른쪽에 있을 땐 급히 산 왼쪽 방어에 치중해야 합니다."

적과 전쟁을 시작하기 전에 반드시 적의 약점을 면밀히 파악한 다음 그곳을 집중적으로 공격해야만 승산이 있다. 현대사회에서 경쟁자를 이기려면 그의 약점을 세밀하게 파악해야만 한다.

다음은 당시 전쟁에서 이기기 위한 태공망의 조언이다.

"적이 먼 곳에서 출발해 도착한지 얼마 되지 않아 진영이 제대로 정돈되지 않았을 때 공격해야 합니다. 식사가 끝난 지 얼마 되지 않아 방비가 허술할 때 공격해야 합니다. 적군이 바쁘게 뛰어다닐 때 공격해야 합니다. 적이 피로해졌을 때 공격해야 합니다. 지리를 제대로 파악하지 못했을 때 공격해야 합니다. 적이 시간과 기회를 놓쳤을 때 공격해야 합니다. 적의 후속부대가 휴식을 취하지 않았을 때 공격해야 합니다. 적이 강을 건널 때 공격해야 합니다. 적이 험준한 산길이나 좁은 길로 행군할 때 공격해야 합니다. 적의 깃발이 어지럽게 움직일 때 공격해야 합니다. 적이 진지를 자주 이동시킬 때 공격해야 합니다. 지휘관이 혼자 고립되어 있을 때 공격해야 합니다. 적이 초조하고 불안할 때 공격해야 합니다."

적이 이런 상황에 놓였을 때 정예부대로 공격하게 하고 몇 개의 부대를 편성해 쉴 없이 급습한다. 이때 아군은 이것저것 생각하지 말고 오로지 공격에만 신경을 집중시켜야 한다.

물론 적의 약점을 노린다는 것은 어쩌면 공명정대하지 못하다는 느낌도 있을 것이다. 하지만 전쟁에서는 공명정대함이란 존재하지 않는다.

이와 반대로 아군의 약점을 노리고 적이 공격해 올 수도 있다. 그러면 아군은 약점을 하루빨리 제거하고 방비를 견고하게 하며, 심리작전에 말려들지 않도록 해야 한다.

리더의 용병술에 따라 조직의 승패가 좌우 된다.

謂之敗兵 善者 以勝 不善者 以亡
위 지 패 병　선 자　이 승　불 선 자　이 망

【原文】 용병술이 뛰어난 자는 승리하고 용병술이 부족한 자는 망한다.

태공망이 말했다.

"군사를 잘 컨트롤하면 승리하고 군사를 컨트롤하지 못하면 패합니다. 패배할 운명에 처해진 군사를 패병敗兵이라고 합니다."

왕망王莽이 신新나라를 세운 첫해 남쪽지방에 기근이 들었다. 사람들은 부족한 양식을 대용하기 위해 쇠귀나물을 캐 먹었는데, 이것조차 서로 먹으려고 싸웠다.

이때 신시新市의 왕광王匡, 왕봉王鳳은 수백 명의 부하를 거느린 도둑집단의 두목이 되었다. 여기에 망명자 왕상王常과 성단成丹이 가입했다. 이들은 고립된 촌락을 습격해 약탈을 일삼고 숲속으로 숨었다. 이러는 과정을 반복하면서 모인 무리들이 7~8천명이나 되었다.

형주荊州 군사 2만 명이 이들을 공격했지만, 운두雲杜에서 대패하면서 수천 명이 죽고 군수품을 약탈당했다. 이런 기세로 이들 도둑집단은 경릉 竟陵을 함락시키고, 운두와 안륙 安陸을 공격해 부녀자를 납치해 숲속으로 사라졌다.

도둑집단의 무리가 5만여 명으로 불어나면서 정부로서는 손을 쓸 수가 없었다. 하지만 불행 중 다행인지 역병이 퍼지면서 도둑의 50%가 사망했다. 이로 인해 도둑집단은 분산이 되었고 왕산과 성단은 서쪽 남군 南群에 정착해 자칭 하강 下江의 병 兵이라고 불렀다. 한편 왕광과 왕봉, 마무 등은 북진해 남양 南陽에 정착해 신시 新市의 병이라고 불렀다.

이와 별도로 평림 平林의 진목 陳牧과 요담 廖湛은 수천 명을 모아 자칭 평림 平林의 병이라고 했으며, 하강의 병과 신시의 병과 연계했다. 이때 유현 劉玄은 평림의 병에 소속되어 있었다. 유현은 순식간에 명성을 떨치면서 하강의 병과 신시의 병을 합쳤다. 이어 후한 後漢 광무제 光武帝가 되는 유수 劉秀의 봉기부대 蜂起部隊와 합류해 신나라 왕망의 전위부대를 패전시켰다. 이때부터 유현은 갱시장군 更始將軍으로 명성을 떨쳤다.

이 연합군단의 단점은 파죽지세로 진격했지만, 군단이 연합되어 있어 하나로 통일되지 않았다. 그래서 협의 끝에 유현을 천자로 추대하고 며칠 후 육수 가의 모래땅에 단을 설치해 병사들과 군신들이 모인 가운데 제위에 올랐다. 이 사람이 바로 갱시제 更始帝다.

갱시제는 많은 백성들 앞에서 땀만 흘리고 손만 흔들 뿐 아무 말도 하지 못했다. 당시 그는 군중 속에서 무엇을 보았을까? 이에 대한 기록은 전해지지 않고 있다. 어쨌든 갱시라는 연호를 세우고 완성宛城으로 입성했다. 갱시제는 낙양성과 무관武關을 공격했는데, 이에 호응한 백성들이 반란을 일으켜 지방장관을 죽이고 스스로 장군이 되었다. 얼마 후 장안長安에서 반란이 일어나 동해東海의 공빈취公賓就가 왕망을 죽이고 그의 목을 갱시제에게 보냈고 그 목은 성 밖에 걸렸다.

낙양이 함락되고 갱시제는 이곳으로 거처를 옮겼지만, 수많은 군중 속에서 발견한 공허함은 이미 그의 마음을 뒤덮고 있었다. 그는 공허함에서 벗어나기 위해 술과 여자에 빠졌고 그의 군대는 패병이 되어 있었다. 이때 적미적赤眉賊이 관내關內로 공격해왔는데, 갱시제 군사는 이미 패병이 되어 싸울 수가 없었다. 갱시제는 천자의 옥새를 바치고 적미적에게 항복했다.

공격이 최상일 땐 공격만이 스스로를 지킬 수가 있다.

利以出戰 不可以守
이 이 출 전 불 가 이 수

【原文】 공격하는 것이 유리할 땐 지켜서는 안 된다.

견고한 수비로 싸움을 하지 않는 것이 더 좋을 경우도 있다. 이것은 좋은 인재를 스카우트하는 것과 같다. 많은 연봉과 직위를 약속받고 회사를 옮기는 것(전직)도 좋다. 하지만 전직이 제대로 정착된 경우는 매우 드물다. 왜냐하면 약속받은 연봉과 직위에 비해 능력이 부족하면 어떻게 되겠는가. 한마디로 스카우트는 뜻밖의 행운이기도 하지만 함정에 가깝다. 그렇기 때문에 자신에 대한 튼튼한 수비기 필요한 것이다.

후한後漢 때 반초班超는 서역의 오아시스 국가군國家群에 사신으로 파견이 되었다. 이것은 후한의 흉노대책 중 하나였다. 그는 제일 먼저 선선에 도착했는데, 그곳 왕은 극진히 대접해 후한에 대해 감사를 표했다. 그러다가 얼마 후 흉노사신이 도착하자 대우가 180도로 바뀌면서 냉대를 받게 되었다. 이에 반초는 동행한 부하 36명에게 말했다.

"여러분은 나와 함께 멀고먼 변경 땅으로 왔고 이곳에서 큰 공을 세워 부귀영화를 누리겠다는 것이 목적일 것이다. 하지만 흉노사절이 도착한지 며칠도 되지 않았는데, 선선왕은 우리를 냉대하고 있다. 곧 선선왕은 우리를 추포해 흉노에게 넘길 것이 뻔하다. 이렇게 된다면 우리의 뼈와 살은 이곳 변경에서 승냥이와 이리의 밥이 될 것이다. 어떻게 해야 되겠습니까?"

그러자 부하들은 이구동성으로 말했다.

"이렇게 될 바에야 죽음도 불사하겠습니다."

"호랑이 굴에 들어가야 호랑이를 잡는 법, 지금 우리가 취해야 할 방법은 오늘밤 화공으로 흉노사절단을 공격하는 것이다. 우리 인원수가 노출되지 않는다면 상대는 겁을 먹고 싸울 엄두조차 내지 못할 것이다."

그날 밤, 반초는 36명의 부하들과 흉노사절단이 머물고 있는 숙소로 향했다. 때마침 강한 바람까지 불고 있었다. 반초는 부하 10명에게 북을 주면서 흉노사절단 숙소 뒤편에 숨게 한 다음 이렇게 말했다.

"불길이 치솟으면 일제히 북을 쳐라."

나머지 부하들과 반초는 바람을 이용해 불을 질렀다. 불길이 치솟는 순간 일제히 북소리가 울려 퍼졌다. 허를 찔린 흉노사절단은 놀라고 당황해 갈팡질팡했다. 이때 반초는 맨손으로 3명을, 부하들은 정부사절과 수하 20여명의 목을 베었다. 나머지 1백 여 명은 모두 통닭구이가 되었다. 이로 인해 선선왕은 결국 반초의 계획대로 한나라에 귀순했다.

소수가 다수를 상대하려면 매복기습이 필요하다.

妄張詐誘 以熒惑其將 迂其路 令過深草
망 장 사 유　이 형 혹 기 장　우 기 로　령 과 십 초

遠其地 令會日暮
원 기 지　령 회 일 모

【原文】 속임수로 적을 유인하는 계책으로 적장을 현혹시켜 길을 우회하게 해서 풀이 무성한 곳을 지나가게 하고 그 길을 멀리해서 해가 저물 무렵에 회전(일정지역에 대규모병력이 집결하여 전투를 벌임)하게 만든다.

무왕이 물었다.

"소수의 군사로 대군을 공격하기 위해서는 저녁 무렵 우거진 풀숲에 매복해 좁은 길에서 기습해야만 하오. 만약 우거진 풀숲이나 좁은 길이 없고 저녁 무렵이 되기 전에 대군을 만난다면 어떻게 하면 되겠소?"

태공망이 대답했다.

"아군의 군사를 대군처럼 과대포장하고 거짓계략으로 적을 유인해 적장의 판단을 교란시켜 우거진 풀숲을 통과하도록 진로를 우회시키며, 저녁 무렵에 좁은 길로 통과하도록 먼 길을 돌아오게 하면 됩니다."

한漢나라 고조高祖6년, 한왕신韓王信이 흉노에게 투항한 후 흉노와 함께 태원太原을 침공했다. 고조는 이듬해 대군과 함께

출격해 동제전투에서 한왕신 주력부대를 전멸시켰으며, 그의 장수 왕희王喜의 목을 베었다. 하지만 한왕신은 패잔병을 모아 흉노로 도망쳤다.

한나라 군이 철수하자 흉노병사들은 교란작전을 폈는데, 이에 한나라 군이 회군하자 흉노들은 또다시 도망쳤다. 이것이 반복되자 한나라 군은 농락당했다는 생각에 대군을 출동시켜 추격케 했다. 겨울철이라 추위에 약한 한나라 병사들은 동상으로 손가락이 절단되는 경우도 많았다. 하지만 몇 번의 싸움에서 대승하면서 파죽지세로 전진했다.

이때 유경劉敬이 나서서 말했다.

"흉노가 거짓계략으로 아군을 위험한 곳으로 유도함이 명백합니다. 성급하고 무모한 진격은 피해야 합니다."

하지만 고조는 유경의 진언을 무시하고 직접 대군을 이끌고 모돈선우를 치기위해 출병했다. 이때 고조는 모돈선우의 생포는 시간문제라고 생각했다. 고조와 대군이 평성平城에 도착했고, 백등산白登山으로 올라가 적의 동태를 살폈다. 이때 사방에서 복병이 나타나 고조가 포위되고 말았다.

고조는 모돈선우의 아내 알씨閼氏에게 많은 뇌물을 보내 간신히 화를 면했다. 하지만 지금까지 밤낮 7일 동안 산위에서 제대로 먹지를 못했다. 이것이 원문과 같은 처지였다.

견도 犬韜

집중과 분산, 움직임의 비결

능력별 특기자를 선발해 훈련시켜야 강한 군대가 된다.

此 軍之練士 不可不察也
차 군 지 련 사 불 가 부 찰 야

【原文】 이것은 군대로 선발된 병사들이기 때문에 살펴야 한다.

현대는 특기를 가진 전문가가 대접받는 사회이다. 한마디로 특별하고 뛰어난 능력이 없다면 출세하기 어렵다. 태공망은 이미 기원전에 우수한 병사를 선발해 훈련시키는 '능력별 특기자 편성'을 제안했던 것이다.

1. 모인지사冒刃之士 : 용기가 대단해 죽음도 마다하지 않고, 전쟁의 부상을 자랑스럽게 생각하는 인물.

2. 함진지사陷陣之士 : 기개가 예리하고 용장하면서 강포한 인물.

3. 용예지사勇銳之士 : 용모가 괴상하고 몸집이 거대하며, 장검을 차고 당당하게 행진하는 인물.

4. 용력지사勇力之士 : 하체 힘이 강하고 쇠갈고리도 펼 수 있는 괴력과 적의 쇠북이나 진영을 때려 부수고 깃발을 쓰러뜨릴 수 있는 인물.

5. 구병지사寇兵之士 : 높은 곳을 뛰어 넘고 먼 길을 갈 수 있으며, 경쾌하게 달릴 수 있는 인물.

6. 사투지사死鬪之士 : 전사 장교의 자제로 원수 갚기를 원하는 인물.

7. 필사지사必死之士: 가난한 나머지 발분하여 출세를 지향하는 인물.

8. 여둔지사勵鈍之死: 데릴사위 또는 포로가 되었을 때 받은 치욕의 흔적을 지워버리고 이름을 날리겠다는 인물.

9. 행용지사幸用之死: 징역살이나 죄를 면한 자가 전공을 세워 명예 회복을 원하는 인물.

10. 대명지사待命之死: 재능과 기술이 뛰어나 언제까지나 중책을 맡 길 수 있는 인물.

이런 기준에 맞는 부하를 선발해 같은 부류의 사람끼리 한 팀으로 묶어 특별훈련을 시키자는 것이 태공망의 제안이었 다. 주의할 점은 분류를 잘못해 편성된다면 도리어 역효과가 나타날 수도 있다. 이런 단점을 제거하기 위해서는 응시자를 충분히 관찰하고 고민해서 특기에 맞게 사람을 선발해야 한 다.

지도자는 인仁이란 덫에 걸리지 말아야 성공한다.

夫欲擊者 當番察敵人十四變 變見則擊之 敵人必敗
무 욕 격 자 당 번 찰 적 인 십 사 변 변 견 즉 격 지 적 인 필 패

【原文】 공격하려는 사람은 당연히 적의 열네 가지 변화를 상세하게 관찰하고, 변화
가 나타날 때 공격하면 적은 반드시 패한다.

태공망이 말한 공격시기에 대한 14가지 변화는 다음과 같다.

1. 모인시간이 부족해 대열이 정비되지 않았을 때.

2. 병사나 군마가 밥을 먹지 않아 배를 고파할 때.

3. 추위, 폭염, 폭풍우 등의 천시天時를 어기고 있을 때.

4. 현재까지 지리를 파악하지 못했을 때.

5. 다급한 듯 바쁘게 뛰어다닐 때.

6. 경계를 느슨하게 하면서 방심하고 있을 때.

7. 군사들이 피로가 누적되고 지쳐 있을 때.

8. 장군이 대열에서 떨어져 홀로 있을 때.

9. 먼 거리를 행군했을 때.

10. 군사들이 강을 건널 때.

11. 휴식도 없이 열심히 일할 때.

12. 험준하고 좁은 길을 행군할 때.

13. 대열이 정돈되지 않았을 때.

14. 불안초조에 동요되었을 때.

인간의 단점은 두 가지 일을 동시에 할 수 없는 것이다. 즉 다른 일에 마음이 빼앗겨 주 업무를 소홀히 할 때 상대가 치고 올라오면 반드시 패할 수밖에 없다. 이렇게 되면 직장에서 곧바로 아웃되는 것은 기정사실이다.

춘추좌씨전의 이야기를 소개한다.

송宋나라 양공襄公이 정鄭나라를 공격했는데, 이때 초楚나라가 정나라를 구원하기 위해 송나라를 공격했다. 화가 난 양공은 초나라 군에 대항하려고 하자, 대사마大司馬 공손고公孫固가 나서서 말했다.

"하늘이 우리 선조 상商을 버린 지 꽤 오래되었습니다. 지금 상을 부흥시키려는 의도가 있지만, 순조롭지 않습니다. 그래서 대국 초나라와 싸움은 피하십시오."

양공은 그의 말을 무시하고 기원전 639년 11월8일 아침, 홍수弘水 가에 진지를 구축하고 초나라 군대와 마주했다. 이때 송나라 군사의 포진은 완료되었지만, 초나라 군사는 강을 건너고 있었다.

이에 사마자어司馬子魚가 급히 간했다.

"아군의 병력이 적의 병력보다 적습니다. 저들이 강을 다 건너기 전에 공격해야 승산이 있습니다."

양공은 그의 말을 듣지도 않았다. 이때 초나라 군사들은 모두 강을 건넜다. 하지만 아직까지 진지가 제대로 갖춰지지 않았다.

사마자어가 또다시 진언했다.

"지금이 기회이오니, 공격해야 합니다."

양공은 허락하지 않았다. 얼마 후 초나라 군사가 진영을 구축하고 대열을 갖춘 후 양공이 돌격명령을 내렸지만, 완패하고 말았다. 이때 양공도 넓적다리에 상처를 입었고 시종과 위병 모두 죽었다. 모든 사람들은 그를 책망하자 이렇게 말했다.

"군자는 부상자에게 더 이상 상처를 입히지 않고, 백발노인을 포로로 취급하지 않는다. 옛날 싸움은 위험한 상태에 빠진 적을 공격하지 않는다. 나는 비록 망국 상나라의 후예이지만, 진영을 구축하지 못한 적을 공격할 생각이 없었다."

이 내용은 양공이 인仁이란 덫에 걸려 공격할 기회를 놓쳐 패한 좋은 예이다. 즉 기회가 왔을 때 곧바로 실행하지 않으면 반드시 패하는 것은 당연하다.

기병전에는 열 가지 승리하는 방법과 아홉 가지 패배가 있다.

騎有十勝九敗
기 유 십 승 구 패

【原文】 기병전에는 열 가지 승리하는 방법과 아홉 가지 패배가 있다.

태공망은 기병전에서 승리할 수 있는 10가지 전법과 반드시 패하는 9가지 조건을 말했다.

먼저 승리할 수 있는 10가지 전법이다.

1. 적군이 전장에 도착한지 얼마 되지 않아 진지를 갖추지 못하고, 선발대와 후발대와의 연락이 되지 않았을 때 선발대의 기병을 무찌르고 좌우를 공격한다.

2. 적의 진지가 튼튼하게 정비되고 군사들의 전의가 왕성할 때는 좌우 양익에서 협공한다.

3. 공격은 신속하고 천둥처럼 격렬하게, 대낮이라도 어두울 정도로 모래먼지를 일으키고 자주 깃발과 의복을 바꿔 대군처럼 위장해 종횡무진으로 뛰어다닌다.

4. 적의 진지가 느슨하고 군사의 전의가 없을 때 앞뒤로 육박하면서 좌우로 몰아댄다.

5. 저녁이 되어 막사로 돌아가면서 추격을 무서워하면 양쪽을 협

공하고 후군을 신속하게 습격하며, 영루의 입구를 차단해 적의 통로를 막는다.

6. 견고한 방어벽 없이 적이 깊숙이 침입했을 때는 보급로를 차단한다.

7. 평지이고 사방에서 적진지를 볼 수 있을 땐 교란 책으로 전차대와 기병대로 공격한다.

8. 적이 바쁘게 움직여 지쳐서 군사들이 흩어질 때 양쪽을 습격하고 앞뒤를 공격하면 적장을 생포할 수 있다.

9~10. 저녁이 되어 진영으로 돌아가는 군사들이 많으면 대오와 진형이 흐트러질 것이다. 그 때를 이용해 기병 10기로 1분대를 만들고, 100기마다 한 진형으로 하고, 전차 5대를 한 무리로 하고, 10대를 한 군단으로 편성해 많은 군기를 세우고, 강한 쇠뇌를 함께 하고, 적의 좌우를 치고, 적의 앞뒤 연락망을 끊어버린다. 이렇게 하면 적장을 생포할 수가 있다.

예를 들어 기병의 기동력을 충분히 살려 적의 혼란을 이용하는 것이다. 하지만 기동력을 죽이는 '패지敗地' '위지圍地' '사지死地' 등은 반드시 피해야 한다.

반드시 패하는 9가지 조건이다.

1. 적진을 함락시키려고 하지만 쉽지 않고 속임수 후퇴에 속아 적의 전차대와 기병대가 배후를 습격하는 것을 패지敗地라고 한다.

2. 패주하는 적을 쫓다가 너무 깊숙이 들어갔을 때 양쪽에 적 복병이 아군의 퇴로를 차단하는 것을 위지圍地라고 한다.

3. 전진할 수는 있지만 되돌아 나올 수 없는 지형에 빠지는 것을 사지死地라고 한다.

4. 좁은 입구와 출구가 멀어 적에게 공격당할 수 있는 곳을 몰지沒地라고 한다.

5. 깊은 골짜기와 우거진 숲과 삼림 등으로 기동력이 무력화되는 곳을 갈지竭地라고 한다.

6. 좌우에 강이고 전면에 큰 언덕이 있고 뒤쪽엔 높은 산이 있는데, 아군은 2개의 강 사이에서 싸우고 적이 앞뒤 높은 위치를 차지하는 것을 간지艱地라고 한다.

7. 보급로도 차단되고 나아가거나 물러날 길이 없는 것을 곤지困地라고 한다.

8. 저지대로 늪과 못이 많고 수렁으로 움직임이 둔해지는 곳을 환지患地라고 한다.

9. 왼쪽에 깊은 도랑, 오른쪽에 움푹 팬 땅과 언덕으로 요철이 심한데, 평지로 잘못 판단해 적을 꾀어내려고 하는 것을 함지陷地라고 한다.

기병은 기동력이 재산인데, 장애물 때문에 기동력이 무너진다면 무기력하게 된다. 하지만 기원전 307년 조趙나라 무령왕武寧王은 중하中夏의 예복을 버리고 '호복기사胡服騎射'를 편성했다. 즉 흉노의 가벼운 복장을 본받고 미상에서 활을 쏘는 기병대를 편성한 것이다.

리더는 온화한 지략을 사용해 참모들을 다스려야 한다.

故 車騎不敵 戰則一騎不能當步卒一人
고 차기불적 전즉일기불능당보졸일인

【原文】 고로 전차부대와 기병부대가 서로 싸울 수 없는데, 적과 싸우게 되면 기병 한명이 보병 한명을 이기지 못한다.

옛날에는 기병, 보병, 전차 등이 어우러져 전투 집단을 형성 했다. 하지만 태공망시대는 기병이 존재하지 않았다. 기병의 역사는 전국시대 조趙나라 무령왕武寧王의 '호복기사胡服騎射(가 벼운 옷과 말을 타고 활을 쏠 수 있는 기마전술)'에서 시작되었다는 설이 있다.

이런 근거로 인해 육도六韜가 전국시대에 작성된 것으로 주 장하고 있다. 어쨌든 당시는 전차와 기병과 보병이 독자적인 목적과 역할을 했지만, 서로 연계해 전투를 했던 것이다.

태공망이 말했다.

"전차는 군대의 날개로 적의 견고한 진지를 파괴시키고 강 한 적을 물리치며, 적의 패주로를 차단할 수 있습니다."

기병은 적의 약점을 노려 급습하고 패주하는 적군을 추격해 보급로를 차단하며, 적의 유격대를 기습할 수 있다. 하지만 전차나 기병도 서로 연계하지 않으면, 기병 1기도 보병 1명을 당해낼 수가 없다. 그래서 조직적인 연계가 반드시 필요하다.

예를 들면 군에서 전차나 기병은 매우 중요한 전력인데, 전차 10대는 보병 1천명, 전차 1백대는 보병 1만 명을 무찌를 수 있다. 기병 10기는 보병 1백 명, 기병 1백기는 보병 1천명을 물리칠 수 있다.

다음은 안자춘추晏子春秋에 나오는 이야기이다.

공손접, 전개강, 고야자 등은 제나라 경공景公을 섬기는 충신들이다. 이들은 맨손으로 호랑이를 때려잡을 정도의 용사로 명성이 나 있다. 하지만 자신들의 힘만 믿고 재상宰相 안영이 지나가도 본척만척하는 안하무인들이었다. 더구나 자신들의 용력으로 나라의 질서까지 문란 시키고 있다.

이에 안영은 그들을 제거하지 않으면 나라가 위태로워질 것이라고 경공에게 충언했다. 경공 역시 동의했지만, 이들을 제거할 사람이 없어 고민이라고 했다. 이 소리에 안영은 이들 3명을 불러 복숭아 2개를 놓고 공적이 많은 사람부터 먹게 하라고 제안했다.

다음날 경공은 세 사람을 불러 안영의 제안대로 했다. 먼저 공송접이 입을 열었다.

"흠~ 이것으로 우리의 공적을 비교하려는 구나. 이 복숭아를 먹지 않으면 내 스스로가 겁쟁이라고 인정하는 꼴이 된다. 복숭아가 2개밖에 없어 내가 먼저 공적을 말하겠다. 처음엔 큰 돼지를 때려죽였고, 그 다음은 새끼가 딸린 호랑이를 때려잡았다. 그래서 복숭아를 먹을 수 있는 권리가 있다."라며 복숭아를 집고 일어섰을 때, 전개강이 나섰다.

"나는 복병으로 전쟁터에 나가 적의 대군을 두 번이나 물리쳤다. 당연히 복숭아를 먹을 수 있다."라면 복숭아를 집어들자 이번엔 고야자가 칼을 뽑아들고 말했다.

"나는 경공을 모시고 황하를 건널 때 큰 자라가 부마副馬를 물고 물속으로 끌고 들어갔다. 비록 수영은 못했지만, 자맥질로 상류 1백리, 하류 1백리를 뒤져 자라를 잡아 죽였다. 그런 다음 왼손에 말꼬리를 잡고 오른손으론 자라의 목을 들고 강에서 나왔다. 어서 그 복숭아를 돌려주게."

그러자 공손접과 전개강이 큰소리로 말했다.

"우리의 용기와 공적은 경공에겐 미치지도 못한다. 복숭아를 집은 자체가 바로 탐욕인 것이다. 이것을 알면서도 뻔뻔하게 사는 것은 겁쟁이가 하는 행동이다."

이 말을 남긴 이들은 복숭아를 돌려 주면서 자결했고, 고야자 역시 다음과 같은 말을 남기고 자결했다.

"두 사람이 자결했는데 혼자 산다는 것은 우정을 저버리는 짓이다. 난 이들을 욕되게 했고 공적을 자랑한 것은 정의가 아니다. 행동을 부끄럽게 생각하며 사는 것은 겁쟁이들의 삶이다. 복숭아는 두 사람이 돌려준 것처럼 나도 돌려주겠다."

이 설화에서 '이도살삼사二桃殺三士(기계를 사용해 용사를 죽임)'라는 고사성어가 생겨났다. 이것은 안영의 교묘한 인심조종술이었다.

리더에겐 부하를 맘대로 부릴 수 있는 임기응변의 포진법이 필요하다.

凡用兵之法 三軍之衆 必有分合之變
범 용 병 지 법   삼 군 지 중   필 유 분 합 지 변

【原文】 무릇 용병술은 삼군의 병력을 나누고 모으는 변화가 중요하다.

태공망이 말했다.

"군을 다스리는 자는 전군의 부대를 분산시키거나, 집합시키거나, 임기응변의 다양한 포진 법을 알아야 됩니다."

주나라 환왕桓王 13년(기원전 707년) 가을, 환왕은 괵공 임부林父를 우군右軍으로 임명해 위衛나라와 채蔡나라 군사를 통솔하게 하고, 주공周公 흑견黑肩을 좌군左軍으로 임명해 진陳나라 군사를 통솔하게 한 뒤 자신은 중군을 통솔해 정鄭나라를 공격했다.

그러자 정나라 장공藏公은 급히 신하들을 불러 의논했는데, 이때 자원子元이 말했다.

"먼저 약한 곳부터 공격해야합니다. 진나라 군사는 내란으로 사기가 떨어져 있습니다. 그래서 단시간에 집중적으로 공격하면 물리칠 수가 있습니다. 즉 좌군의 패배는 중군에게 영향을 끼쳐 혼란에 빠지게 될 것입니다. 이 영향으로 우군 채

나라와 위나라 역시 패주할 것입니다. 좌우군이 패주하면 병력을 집중해 중군을 공격하면 승리할 수 있습니다."

장공은 그 의견에 따라 만백原伯을 우거右拒로, 제중족祭仲足을 좌거左拒로 임명한 다음, 자신은 원번原繁, 고거미高渠彌, 축담祝聃등과 중군을 맡아 밀집대형을 구축했다.

얼마 후 양군이 유갈 지역에서 만났는데, 장공은 사전에 2거拒에 명령했는데, 붉은 기를 흔들면 돌격의 북을 치라고 했다. 마침내 붉은 기가 흔들리자 북소리가 사방을 진동했다. 정나라는 전차가 앞장서고 보병이 뒤를 따르는 대형으로 진나라 군사를 향했다. 이 광경을 목격한 진나라 군사는 겁을 먹고 순식간에 사방으로 달아났다. 이것이 채나라와 위나라 군사들에게 영향을 끼쳐 이들 역시 패하고 말았다.

이에 초조해진 주나라 환왕은 중군으로 방어하려고 했지만, 정나라 전 병력이 순간적으로 공격했다. 이로써 중군은 혼란에 빠졌고, 전차위에 있던 환왕의 어깨엔 축담이 쏜 화살이 박혔다. 결국 주나라 군사는 대패하고 퇴각하고 말았다.

유갈의 싸움은 고도로 집중된 힘으로 고립된 적을 각개 격파한 하나의 좋은 예이지만, 반드시 이런 작전이 통하는 것이 아니다. 즉 적벽대전에서 조조가 전군을 한곳에 집결시켰기 때문에 대패한 것도 있다.

주周나라 경왕敬王 42년(기원전 478년), 월나라 왕 구천은 오吳나라를 치려고 북쪽으로 출병했다. 오나라 왕 부차는 입택笠澤에 진을 치고 강을 사이에 두고 월나라 군과 마주했다.

구천은 군대를 둘로 나눠 좌우양군으로 배치했고, 친위대 6천명을 중군에 배치했다. 다음날 배를 타고 강물 위에서 양군이 싸웠다. 해가질 때 구천은 몰래 좌군에 명해 강 5리쯤 거슬러 올라가게 했고 우군에게는 강 5리쯤 밑으로 내려가 기다리게 했다.

　한밤중이었다. 구천은 좌우양군에게 강을 건너게 하고 북을 치라고 했다. 북소리에 놀란 부차는 월나라 군이 두 부대로 나눠 협공한다고 판단했다. 그는 급하게 군대를 둘로 나눠 월나라 군사를 방어했다. 그러나 구천은 중군에게 명해 헤엄으로 강을 건너게 한 후 중앙을 공격하게 했다. 부차는 방어책 한번 써보지 못하고 대패하면서 오나라가 멸망하고 말았다.

훌륭한 장군은 쉬지 않는 공격으로 적을 지치게 만든다.

更發更止
경 발 경 지

【原文】 (보병은) 번갈아 나아가고 번갈아 중지해야 한다.

무왕이 물었다.

"보병과 전차대를 비롯해 기병대와 싸울 때는 어떻게 하면 좋겠소?"

태공망이 대답했다.

"먼저 언덕이나 험한 지형에 진지를 구축해야 합니다. 그런 다음 활 같은 장거리용 무기를 앞에 배치하고 백병전용 무기는 뒤쪽에 배치하며, 장거리용 무기를 교대로 발사해 계속 싸워야 합니다. 그리고 정예와 강노를 배후에 배치해 적이 기동력으로 우회를 공격할 때를 대비해야 합니다. 이렇게 해놓고 민첩하게 쉼 없이 싸운다면 적의 전차대나 기병대의 진격이 아무리 거세도 반드시 승리할 수가 있습니다."

즉 뛰어난 적의 기동력에는 다소 부족하지만, 압도적 우위에 있는 병력으로 싸우자는 것이다. 예를 들면 토끼와 거북이의 경주를 생각하면 된다. 즉 개개인의 군사가 적당히 휴식을 취하면 전체적으로 쉬지 않고 싸울 수 있다. 뛰어난 적의 기동력이라도 약점이 나타나는데, 이때부터 나서면 승기를 잡을 수 있다. 이것을 인해전술人海戰術이라고 한다.

6 · 25전쟁 때 연합군의 기계화 부대가 중공군의 인해전술로 많은 괴로움을 당했다는 유명한 실화가 있다.

관용으로 맹위를 보충하고 맹위로 관용을 보충하면 균형 잡힌 리더가 된다.

步貴知變動　車貴知地形　騎貴知別徑奇道

【原文】 보병은 변동 알기를 귀하게 여기고, 전차부대는 지형 알기를 귀하게 여기고, 기병은 오솔길과 샛길 알기를 귀하게 여긴다.

보병은 적의 동태를 파악해 그 빈틈을 노리는 것이 중요하다. 하지만 전차는 지형을 상세하게 파악하는 것이 중요하다. 기병은 적의 허를 찌르기 위한 지름길과 통로를 아는 것이 중요하다. 즉 보병, 전차, 기병 등이 같은 군이지만 각각 그 기능이 다르다는 것을 강조하고 있다. 태공망은 전차가 죽음에 이르는 열 가지 지형이 있다고 말한다. 과연 죽음에 이르는 지형은 어떤 곳일까?

1. 앞으로 갈 수 있어도 되돌아 올 수 없는 곳.

2. 험한 지형에서 추격하다가 전차가 힘이 빠져 진퇴유곡進退維谷이 되는 곳.

3. 앞이 평평하고 뒤쪽이 험해 전차가 다닐 수 없는 곳.

4. 험한 지세에 빠져서 도저히 나올 수 없는 곳.

5. 물로 움푹 파인 곳과 질퍽한 습지에서 검은 점토질이 바퀴에 달라붙어 전차가 움직일 수 없는 곳.

6. 왼쪽이 험하고 오른쪽이 평탄하며, 구릉에서 비탈길을 쳐다봐야
   하는 곳.
7. 잡초가 우거진 곳과 깊은 늪과 연못이 있는 곳.
8. 평평한 지형이라도 적의 보병보다 전차가 압도적으로 적은 곳.
9. 배후는 도랑이고 왼쪽은 깊은 강이며, 오른쪽은 험한 비탈길이
   있는 곳.
10. 장마로 도로가 유실되어 전진이나 후퇴할 수 없는 곳.

정鄭나라 명재상 자산子産이 병에 걸려 자대숙子大叔을 불러 이렇게 말했다.

"내가 죽고 없으면 반드시 그대가 정치를 맡을 것이오. 그렇게 되면 엄격을 중심으로 백성들을 대해야 합니다. 즉 불은 보기엔 엄하기 때문에 불에 타죽는 사람이 적습니다. 하지만 물은 보기에 만만해서 익사하는 사람들이 많습니다. 반드시 형벌을 중하게 여겨 백성들이 그대의 약한 마음에 빠지지 않게 해주시오."

몇 달 후 자산이 죽자 자대숙이 정치를 맡게 되었다. 그는 자산의 유언과는 달리 형벌을 엄중하게 할 생각이 없었다. 그러자 젊은이들이 도당을 만들어 이를 근거지로 도둑질하고 살인까지 저질렀다. 이로 인해 정나라는 존립자체에 중대한 위협을 받게 되었다. 어쩔 수 없다고 생각한 자대숙은 전차대와 기병을 동원해 이들과 싸우게 되었다. 꼬박 하루 동안 격전을 치른 후에야 평정할 수 있었다. 이때 그는 자산의 유언을 중얼거리며 후회했다.

'자산의 가르침을 실행했더라면 이런 비참한 일이 없었을 텐데.'

공자孔子는 이에 대해 이렇게 평했다.

"정치가 느슨해지면 백성들이 기고만장한다. 이렇게 되면 맹위猛威로 다스릴 수밖에 없다. 또 정치가 맹렬해지면 백성들이 잔인해지기 때문에 관용을 베풀어 중화시켜야 한다. 관용으로 맹위를 보충하고 맹위로 관용을 보충하는 것이다. 이렇게 하면 정치가 균형을 유지하게 된다."

징과 북을 치는 규칙은 군사통제에 반드시 필요한 수단이다.

大戰之法　敎成　合之百萬之衆
대전지법　교성　합지백만지중

【原文】 크게 싸우는 방법을 가르쳐 이것이 이루어지면 백만의 무리가 군대에 합쳐진다.

효과적 교련법에 대해 태공망은 이렇게 말하고 있다.

"군의 진퇴를 결정하는 징과 북을 치는 규칙이 있어야 합니다. 이것은 군사를 통제하기 위한 행위입니다. 장수는 신호를 정확하게 군사들에게 전달해야만하고 되풀이해서 철저히 주지시켜야 합니다. 즉 무기의 수령, 진퇴, 깃발, 기거, 분산, 집합 등을 비롯해 깃발지휘에 대한 변화까지 가르쳐야 합니다."

군사를 교육시킬 때 먼저 한사람의 교관을 통해 전법을 익히게 하고, 모두 충분히 숙지하면 그를 중심으로 10명을 1대로 편성해 교육을 시킨다. 1백 명이 전법을 모두 익히면 그것을 중심으로 1천명을 1대로 편성해 교육시키고, 1천명이 전법을 모두 익히면 그것을 중심으로 1만 명을 1대로 편성해서 교육시키면 해결된다.

1만 명이 전법을 모두 익히면 그것을 중심으로 1백만 명의 군을 만들면 된다. 이렇게 하면 대군을 교련 1대로 제어할 수 있고 그 위력은 천하를 주름잡을 것이다.

Part 02

三略

삼
략

삼략三略에서
삼三은 上·中·下의 3卷을 말하고
략略은 모략謀略을 말한다.
세상 사람들은 "삼략三略은 황석공黃石公의 책으로
흙다리에서 장자방張子房에게 주었다."라고 했다.

상략 上略

약하지만강한것을이길 수
있는 비결

지도자가 음탕하면 부하들이 따르지 않는다.

善善不進 惡惡不退 賢者隱蔽 不肖在位 國受其害
선선불진 악악불퇴 현자은폐 불초재위 국수기해

【原文】 착한 자를 좋게 여기되 등용하지 못하고, 악한 자를 미워하되 물리치지 못해 현자들이 숨어서 보이지 않고, 불초不肖한 자가 높은 자리에 있으면 국가가 고스란히 폐해를 입는다.

안일함은 나라를 망치고 회사와 조직을 엉망으로 만든다.

하희夏姬는 정鄭나라 목공穆公의 딸이다. 20세 때 진陳나라 하부 하어숙夏御叔에게 시집을 갔다. 이듬해 아들을 낳았는데, 이름이 하징서였다.

얼마 후 남편 하어숙이 죽자, 진나라 영공靈公과 공녕孔寧, 의행부儀行父가 사이좋게 그녀의 집을 드나들며 사통했다. 이들은 조정에 출근해서도 그녀에 대한 이야기로 하루를 보냈다.

이들의 나쁜 행실을 알아차린 대부 설야泄冶가 충고하자 그를 암살했다. 어느 날 영공은 공녕과 의행부 등과 함께 그녀의 집에서 주연을 벌였다. 술기운이 점점 오르자 농담이 외설로 바뀌었다. 먼저 영공이 의행부에게 말했다.

"하징서는 그대와 붕어빵이오."

이에 의행부도 영공의 말을 받았다.

"허~ 그렇게 말씀하시는 영공과도 닮지 않았습니까."

술좌석에서의 농담이 결국 망국으로 이어졌다. 청년 하징서가 우연히 이들의 농담을 듣고 말았다. 결벽성이 강한 그는 화가 났고 도저히 용서할 수가 없었다. 그래서 영공이 집으로 돌아가려고 밖으로 나오는 순간 하징서가 쏜 화살에 맞아 죽었다. 이에 놀란 공녕과 의행부는 급히 초楚나라로 도망치고 말았다.

영공을 시해한 하징서는 진나라 왕이 되었는데, 이 사건은 본의 아니게 쿠데타처럼 보였던 것이다. 하지만 군주를 암살한 그를 열국 제후들이 가만히 보고만 있지 않았다. 왜냐하면 이 사건을 정당화시켜 덮는다면 이 같은 일이 자신들에게도 미칠 수 있을 것으로 판단했기 때문이다.

초나라 장왕莊王은 권위와 질서를 지킨다는 명분으로 군사를 일으켜 진나라를 격파시켰다. 그런 다음 하징서를 체포해 목을 베고 시체를 거열형車裂刑에 처했다. 이것은 군주를 시해한 자에 대한 본보기성 메시지였다.

또한 진나라를 초나라의 현縣으로 편입시킨 다음 하징서의 어머니 하희를 조나라로 데려갔다. 입으로 뱉은 대의명분과 가슴속의 타오르는 욕망이 서로 다르다는 것을 확실하게 보여준 사건이라고 할 수 있다.

명망 있는 리더에겐 범인이 가질 수 없는 독단적인 움직임이 있다.

端末 未見 人莫能知
단말 미견 인막능지

【原文】 처음과 끝이 보이지 않는다면 능히 사람들이 알지 못한다.

사물은 부분을 보지 말고 전체를 봐야 알 수가 있다. 자연은 사람의 지식보다 훨씬 높고 만물은 사람이 알지 못하는 법칙으로 움직인다. 이것은 항상 변화하기 때문에 일정불변의 형태가 없다.

전쟁도 이와 마찬가지로 일정불변의 형태가 없기 때문에 항상 적의 움직임에 따라 전략이 바뀐다. 하지만 조금도 흔들리지 않고 절대 증감하지 않는 확고한 것이 있는데, 이것을 독립부동獨立不動이라고 한다.

회남자淮南子에 이런 이야기가 실려 있다.

'북쪽 국경근처 도리에 능한 사람이 살고 있었다. 어느 날 갑자기 그의 말이 국경을 넘어 북쪽으로 달아났다. 그래서 이웃사람들이 안타깝게 생각하자, 말 주인은 "오히려 더 좋은 일이 생길 수도 있겠지요."라고 했다. 수개월 후 그 말은 북쪽 어떤 나라의 준마를 데리고 돌아왔다. 이에 이웃들이 부러워하자, 말 주인은 "오히려 더 나쁜 일이 생길 수도 있겠지요." 라고 했다.

이렇게 하여 좋은 준마가 늘어났고 그의 아들은 그 말을 탔는데, 그만 말에서 떨어져 발목이 부러지고 말았다. 이웃사람들이 그를 찾아가 위로하자, 말 주인은

"오히려 좋은 일이 될 수도 있겠지요."라고 했다.

1년 후 북쪽에 있는 적국이 침략해오자, 국경근처의 모든 젊은이들이 징집되어 전쟁에 참가하게 되었다. 이들은 전장에서 90%가 전사했는데, 말 주인의 아들만 발목부상으로 징집당하지 않고 살았다. 이 내용에서 새옹지마塞翁之馬라는 고사성어가 탄생했다.

인간사는 움직이는 생물이기 때문에 화와 복을 예측할 수가 없다. 그래서 '화를 당해도 너무 슬픔에 잠기지 말고 복이 찾아와도 너무 기쁨에 젖지 말라' 는 것이 옛 선인들의 교훈이다.

관리들이 법을 가볍게 여기면 그 나라는 부패되고 어지러워진다.

夫統軍之勢者 將也 制勝敗敵者 衆也
부 통 군 지 세 자 장 야 제 승 패 적 자 중 야

【原文】 군대를 통솔해 위세를 유지하는 것은 바로 장수이고, 싸움에서 승리해 적을 물리치는 것은 병사들이다.

　군사를 통솔해 그 세를 다스리는 것은 장군의 몫이지만, 적과 싸워 승리를 거두고 물리치는 것은 병사들의 몫이다. 그래서 무책임한 명령만 내리는 난장亂將에겐 사졸들을 맡길 수 없다. 더구나 장수의 명에 복종하지 않는 사졸들에게 공격명령은 무리다.

　장수와 사졸이 서로 엇박자가 나면 병력은 기세를 잃고 패하고 만다. 이렇게 되면 장수는 고립되고 사졸은 외면한다. 이런 장수와 군력이라면 수비를 하거나, 싸움을 시작하기 전에 모두 도망칠 것이다.

　이것을 늙은 군대라고 하는데, 이 상태가 되면 장수의 위엄과 명이 밑에까지 미치지 못한다. 명이 이렇게 되면 사졸은 군법을 가볍게 여길 수밖에 없다. 사졸이 군법을 가볍게 여기면 군의 조직은 반드시 무너지게 되어 있다. 군의 조직이 무너지면 사졸들이 도망치고 이 기회를 틈타 적들이 공격해오면 아군의 괴멸은 눈에 불 보듯 뻔하다.

한비자韓非子에 이런 내용이 있다.

조양자趙襄子는 마부의 달인으로 불리는 왕자기王子期에게 마차 다루는 법을 배우고 있었다. 어느 날, 기술을 충분히 익혔다고 생각한 조양자는 왕자기에게 겨루기를 청했다. 하지만 세 번이나 겨뤘지만 모두 패하고 말았다. 이에 조양자가 기분이 나쁜 말투로 말했다.

"그대는 말 모는 법을 가르쳐준다면서 모든 것을 전수하지 않은 것 같구나."

"그렇지 않습니다. 저의 기술을 모두 전수해드렸는데, 저와 사용방법이 다를 뿐입니다. 마차를 움직이게 할 때도 법칙이 있습니다. 말과 마차의 균형이 잘 맞고 사람과 말이 하나가 될 때 비로소 원활해집니다. 나리께서는 마차가 뒤쳐지면 따라잡으려 애썼고, 앞서면 추월당할 것을 염려했습니다. 경주를 할 때면 으레 앞서거니 뒤서거니 합니다. 하지만 나리께서는 앞설 때나 뒤쳐질 때나 저에게만 신경을 썼습니다. 그래서 말과 마음을 일치시키지 못했습니다. 이것이 저에게 진 이유입니다."

이 대답은 마차경주를 비유한 경쟁 심리의 핵을 찌른 것이다. 그리고 조직체 구성원의 혼연일체심이 가져오는 효율성을 생각하게 한다.

좋은 리더는 많은 사람들과 함께하면서 헤아려주는 것이다.

與衆同好 不成 與衆同惡靡不傾浩
여 중 동 호 불 성 여 중 동 악 미 불 경 호

【原文】 많은 사람들과 좋은 일을 함께하면 모두 이룰 수 있고, 많은 사람들과 나쁜 일을 함께하면 마음이 기울어지는 것이다.

상사는 우수한 인재의 마음을 자신에게 오도록 노력해야 한다. 공적이 있으면 거침없이 포상하고 자신의 계획과 생각을 부하들에게 솔직하게 보여준다. 또 부하들이 원하는 것에 함께 동조한다면 무슨 일이든 성공할 수 있다.

현대인들 모두는 제각각 원하는 희망이 있고 그것을 성취하기를 갈구한다. 따라서 윗자리에 있는 자는 부하의 마음을 사로잡고 마음도 일치가 되어야 한다. 이것은 모든 사업과 계획에 있어 기초가 되는 것이다.

어느 날 제齊나라 경공景公이 사냥을 나갔다. 그가 막 산에 올랐을 때 호랑이 한마리가 버티고 있었다. 놀란 그는 정신없이 계곡 밑으로 도망쳤는데, 계곡 물가에서 뱀을 만났다. 혼비백산한 그는 곧바로 사냥을 멈추고 성으로 돌아와 재상 안영을 불러 물었다.

"오늘 사냥에서 산에 오르자 호랑이가 있었고, 물가로 내려

오자 뱀이 있었다오. 혹 이것이 우리나라에 좋지 않은 징조가
아닐지 모르겠소."

당시 제나라에서는 상서롭지 못한 동물로 생각하고 있는 것
이 호랑이와 뱀이었다. 이 말을 들은 안영은 이렇게 말했다.

"제나라에 좋지 못한 일이 일어날 세 가지 징조가 있습니다.
첫 번째 우수한 인재가 있어도 알아보거나 알려고 하지 않으
며, 두 번째는 그런 인물을 알면서도 등용하려는 생각이 없고,
세 번째는 등용하기는 했지만 그를 신뢰하지 않는 것입니다.
오늘 호랑이를 만난 것은 그 산에 호랑이가 살고 있기 때문입
니다. 물가에서 뱀을 만난 것은 그 물가에 뱀이 살고 있어서입
니다. 당연히 만난 것인데, 이것을 어찌 좋지 않은 일로 생각
할 수 있습니까."

대학大學에 '사람이 좋아하는 것을 싫어하고 사람이 싫어하
는 것을 좋아하는 것은 인간성을 거역하는 것이다. 이런 사람
은 반드시 재앙을 가져온다.' 라고 했다.

민중을 편안하게 해주는 것은 리더의 기본적 의무이다.

軍國之要 察衆心 施百務
군 국 지 요 찰 중 심 시 백 무

【原文】 군대와 국가가 중요하게 생각하는 것은 사람들의 마음을 헤아려 다양한 사무를 베푸는 것이다.

나라와 군대가 중요하게 생각하는 것은 민중의 마음을 잘 이해하고 마음을 거슬리지 않는 정책을 펼쳐야 한다. 다음은 이에 대한 정책들이다.

1. 위험한 상황에 처한 사람을 안정시켜준다.
2. 두려움에 떨고 있는 사람을 기쁘게 만들어준다.
3. 배신한 사람을 가능한 한 되돌아오게 만든다.
4. 무고한 죄로 고통에 빠진 사람의 누명을 벗겨 사면시킨다.
5. 호소하고자 하는 사람의 정상을 참작해준다.
6. 불우한 사람을 능력에 따라 지위를 조정해준다.
7. 힘으로 횡포를 부리는 사람을 제압해준다.
8. 대항하는 사람은 반드시 용서하지 않는다.
9. 마음이 탐욕스런 사람은 마음에 여유를 부여해준다.
10. 스트레스가 많은 사람은 스트레스를 해소시켜준다.

11. 사생활 폭로를 꺼려하는 사람의 비밀을 지켜준다.

12. 계책과 술수에 능한 사람을 가까이 기용한다.

13. 남을 모략하면 사실을 조사해 진위를 밝혀준다.

14. 반항하는 사람이 있으면 반드시 제압한다.

15. 멋대로 하려는 사람이 있으면 그 의도를 꺾는다.

16. 지나치게 소유가 많으면 그것을 골고루 배분해준다.

17. 귀순하려는 사람은 흔쾌히 받아준다.

18. 복종하려는 사람을 받아들이면서 생활까지 보장해준다.

19. 항복하는 사람에겐 과거의 과오를 묻지 말고 용서한다.

물론 이것은 일의 무엇인가를 밝히기 위한 예제에 불과하다. 그렇지만 직장상사가 부하를 관리할 때 부하들의 막연한 심정이 실제적 요구로 표출되기 전에 그것을 통찰해 미리 대응하라는 것이다. 관리자는 끊임없이 부하를 살펴야 회사가 잘 돌아간다.

리더의 솔선수범은 나라의 기강이 튼튼해진다.

良將之統軍也 恕己而治人
양 장 지 통 군 야 서 기 이 치 인

【原文】 훌륭한 장수가 군대를 통솔할 때는 스스로의 마음을 헤아리면서 병사들을 다스린다.

유능한 장수가 군대를 지휘할 땐 반드시 스스로의 입장을 헤아리며 관리해야만 한다. 자신이 처리하기에도 벅찬 일일수록 부하에게 강요하지 말아야 한다. 이런 태도로 부하를 다스린다면 병사들의 사기가 나날이 오를 것이다. 또 적과의 싸움을 하면 돌풍이 휘몰아치고 대지가 갈라질 듯한 용맹성이 나온다. 이에 적들은 먼 곳에서 보기만 해도 두려워 맞설 생각조차 못한다. 이런 장수의 공통점은 솔선수범하기 때문에 병사들이 따르고 병사들은 천하무적이 되는 것이다.

춘추시대春秋時代 정鄭나라 재상 제중祭仲은 독단적인 성격의 소유자였다. 정나라 여공은 제중의 이런 면이 몹시 걱정스러웠고 시간이 흐를수록 증오로 바뀌기 시작했다. 하지만 유능했기 때문에 그의 앞에서 탓하지를 않았다.

고민 끝에 여공은 대부 옹규에게 명해 제중을 참하라고 명했다. 옹규는 제중의 딸을 아내로 맞이했기 때문에 무척 곤욕스럽고 괴로웠다. 제중의 성이 희姬씨였기 때문에 모든 사람들이 옹규의 아내를 옹희雍姬라고 불렀다. 장인을 죽인다는 것은 인정상 괴로웠고 임금의 명을 거역할 수도 없었다. 옹규는 고뇌를 숨기고 옹희에게 이렇게 말했다.

"며칠 후 교외에서 연회를 마련해 아버님을 모시겠소."

이것은 가능한 한 옹희를 관여시키지 않기 위한 배려였다. 하지만 옹희는 막무가내로 남편의 말을 듣지 않았다.

"집에서 마련하면 될 것을 굳이…."

입을 굳게 다물고 있자, 옹희는 그제야 계획을 눈치 챘다. 옹희는 두근거리는 가슴을 억제한 채 어머니를 찾아가 이렇게 물었다.

"어머니, 아버지와 남편 중 어느 쪽과 친하십니까?"

"모든 남자는 모두 남편이 될 수 있지만, 아버지는 단 한사람이잖니."

이 말을 듣고 옹희는 아버지 제중에게 사실을 털어놓았다.

"남편은 저의 입장을 고려해 교외에서 연회를 열어 아버님을 초청하려고 합니다. 고민 끝에 아버지께 말씀드리오니, 알아서 대처하십시오."

며칠 후 제중은 사위 옹규를 참살해 그 시체를 주씨周氏 연못에 던졌다. 정나라 여공은 옹규의 시체를 마차에 싣고 채蔡나라로 도망치면서 중얼거렸다.

'계획을 여자에게 말했으니, 죽어도 마땅하구나.'

끝없는 노력에 힘쓰는 리더는 민중들에게 버림받지 않는다.

曰 蓄恩不倦 以一取萬
왈 축은불권 이일취만

【原文】 은혜 쌓기에 게을리하지 않는다면 한명으로 만 명을 얻을 수 있다.

열자列子에 다음과 같은 내용이 있다.

태행산太行山과 왕옥산王屋山과의 거리가 7백리이고, 높이가 만 길이나 되는 큰 산은 기주冀州 남쪽과 하양河陽 북쪽에 위치하고 있다.

북산에 노인 우공愚公이 살고 있었는데, 산의 북쪽이 막혀 있어 출타할 때마다 멀리 돌아서 다녔다. 이에 노인은 가족을 모아놓고 의견을 물었다.

"내 바람은 너희들과 함께 앞산을 파서 예주豫州 남쪽으로 길을 만들어 한수漢水 남쪽까지 왕래할 수 있게 하는 것이다."

모든 가족이 찬성했지만, 우공의 아내가 물었다.

"당신 힘으론 작은 언덕조차도 팔 수 없습니다. 그런데 어떻게 태행산과 왕옥산을 판다는 것입니까? 그때 파낸 흙과 돌을 어디에 버린다는 말씀입니까?"

이 말에 우공과 가족들은 이렇게 말했다.

"발해渤海나 은토隱土 북쪽에 버리면 문제가 없습니다."

그 다음날부터 우공은 아들과 손자들과 함께 매일 산을 파낸 흙을 지게에 담아 발해까지 가서 버렸다.

우공의 이웃에 사는 겨우 철이든 아이도 자진해서 우공을 도왔다. 얼마 후 하곡河曲에 살고 있는 지수智叟라는 노인이 이들의 바보 같은 짓을 보고 비웃으며 말했다.

"우공, 그대의 어리석은 생각이 참으로 불쌍하오. 노인이라 산에 있는 풀과 나무제거도 힘든데, 하물며 흙과 돌을 어떻게 처리한다는 것이오?"

우공은 그를 물끄러미 바라보며 한숨을 쉰 다음 말했다.

"그대의 어리석은 머리가 더 불쌍하오. 이웃집 아들만큼도 안되니 말이오. 내겐 아들이 있고, 아들에겐 손자가 생기고, 손자들에게 다시 아들이 생기듯 자손대대로 끊어지지 않을 것이오. 하지만 이 산은 더 이상 자라지 않소. 그래서 언젠가는 평평한 땅이 될 것이오."

더 이상 지수는 우공의 말에 토를 달지 못했다.

이때 조사操蛇의 신神이 우공의 말을 듣고 상제上帝께 고했다. 그러자 상제는 우공의 노력에 감동받아 괴아씨의 두 아들에게 태행산과 왕옥산을 삭동朔東과 옹남雍南 땅으로 옮기도록 명했다. 이후 기주남쪽에서 한수漢水남쪽까지 높은 산이 없어진 것이다. 이때 우공이산愚公移山이라는 고사성어가 생겨났다. 이기주의와 공리주의가 팽배한 현대사회에서 한번쯤 생각해볼 수 있는 교훈이다.

하늘의 뜻이 있는 리더에게 민중이 따르고 나라가 잘 다스려진다.

以寡勝衆者 恩也 以弱勝强者 民也
이 과 승 중 자　 은 야　이 약 승 강 자　 민 야

【原文】 소수로 다수를 이기는 것은 은혜이고, 약한 군대로 강한 적을 이기는 것은 백성이다.

　주周나라 사람 서백창西伯昌은 인애仁愛로 노인을 공경하고 어린이를 사랑했다. 능력자에겐 고개를 숙이고 낮엔 끼니를 건너뛸 정도로 선비들과 만났기 때문에 사람들이 서백을 좋아했다.

　고죽국孤竹國의 왕자 백이伯夷와 숙제叔齊는 서백이 노인을 공격한다는 말에 주나라로 향했다. 이밖에 광요 등의 명사들도 주나라로 가서 봉사했다. 그러자 숭후호崇候虎는 서백을 은殷나라 주왕紂王에게 모략했다.

　"서백은 선을 베풀고 덕을 쌓아 모든 제후들의 마음이 그에게 쏠려 있습니다. 머지않아 은나라에 불길한 정세가 만들어질 것입니다."

　이에 주왕은 서백을 하옥시키자, 광요 등은 미녀와 준마를 비롯한 진귀한 물건을 주왕에게 상납했다. 그러자 주왕은 기뻐하면서 이렇게 말했다.

"이중 하나만으로도 서백을 용서하기엔 충분한데, 이렇게 많이…."

말이 끝나기가 무섭게 서백을 방면하고 활, 화살, 도끼 등을 하사하면서 왕명에 불복종하는 자를 벌할 수 있는 자격까지 내렸다. 그리고 숭후호가 모략했다는 사실도 털어놓았다.

이때 서백은 주왕에게 낙서洛西 땅을 바치고 포락형을 중지하는 승낙도 받아냈다. 포락형은 총비 달기가 생각한 형벌인데, 구리기둥에 기름을 발라 숯불 위에 걸친 다음 죄인을 걷게 해 불속으로 떨어져 타죽게 하는 것이다.

또한 우虞마을과 예芮마을 간에 마찰이 생겼지만, 타협이 되지 않아 두 고장 사람들이 서백을 만나기 위해 주나라로 향했다. 주나라 땅 농부들은 밭두렁을 서로 양보했으며, 백성들은 연장자들에게 모든 것을 양보하는 미덕을 보았다.

두 마을 사람들은 서백을 만나기도 전에 스스로 창피함을 알고 양보와 타협을 배워 귀국했다. 이 말을 들은 제후들은 서백이 반드시 천명으로 천자天子가 될 것으로 생각했다.

이듬해, 서백은 견융犬戎을 치고 밀수를 공격했으며, 다음 해에는 기국을 격파했다. 은나라 조이祖伊는 이 말을 듣고 두려운 인물이라며 주왕에게 고하자, 주왕은 이렇게 말했다.

"천명天命이 없다면 어떤 일인들 할 수 있겠소."

다음 해엔 우를 치고 그 다음 해엔 숭후호를 공격해 풍읍을 만들어 도읍지인 기산岐山 기슭을 떠나 이곳으로 옮겼다. 그 다음해에 서백이 죽자 아들 발發이 뒤를 이었다.

발은 태공망을 스승으로 받들어 주공단周公旦, 소공석召公奭, 필공고畢公高 등의 보좌로 주나라를 더더욱 강화시켰다. 하지만 주왕의 포학이 점점 심해지고 급기야 왕자 비간比干을 죽이고 기자箕子까지 죽였다. 그러자 발은 전차 3백대, 용사 3천, 무장병 4만5천을 이끌고 주왕을 공격했고, 주왕은 70만 대군으로 이들을 막았다.

하지만 주왕의 대군은 전의가 상실되어 있었다. 무기를 거꾸로 쥐고 싸우는 척하면서 길을 열어주었다. 발이 돌격하자 주왕의 군대는 퇴각했고 결국 주왕은 불에 타 죽었다. 발은 은을 멸망시키고 주왕조周王朝를 개국한 무왕武王이 되었다.

유능한 리더는 참모나 부하들을 가족처럼 대우해준다.

世能祖祖 鮮能下下
세 능 조 조 선 능 하 하

【原文】 사람들은 선조를 할아버지로 모시지만, 아랫사람에게 몸을 낮추지는 못한다.

　모든 사람들은 자신의 선조는 선조로 귀하게 여기지만, 부하를 부하로 대우해주는 사람들이 적다. 그래서 부하를 자신의 가족처럼 대우하는 사람은 군주의 자격이 있다.

　위魏나라 범수는 신하로 등용되고 싶었지만, 너무 가난해 준비자금 조차 마련하기 어려웠다. 궁여지책으로 그는 위나라 중대부中大夫 수고의 수하로 들어갔다. 그러던 어느 날 수고는 위나라 소왕昭王으로부터 제齊나라 사절로 파견을 명받았고 범수 역시 동행했다. 하지만 이들이 제나라에 도착한지 수개월이 넘었는데, 지금까지 회답을 주지 않았다.

　한편 제나라 양왕襄王은 범수의 변설이 빼어나다는 말을 듣고 그에게 금金10근과 소와 술을 하사했다. 이에 범수가 사양하면서 받지 않으려고 하자, 수고는 이 사실에 화를 냈다. 수고는 범수가 위나라의 비밀을 제나라에 제공하고 받은 선물로 생각했던 것이다. 그래서 범수에게 소와 술은 받되 금은 돌려주라고 명했다.

　우여곡절 끝에 귀국했는데, 범수를 오해한 수고는 화를 삭이지 못해 결국 재상에게 보고했다. 재상은 위나라 공자公子 위제魏齊에게 그의 보고서를 올렸다. 위제가 크게 분노해 범수를 추포해 매질하면서 갈비뼈와 이빨을 분질렀다.

　범수는 통증을 참으며 죽은척하자, 거적에 싸 화장실에 버렸는데, 술 취한 사람들이 오줌을 싸기도 했다. 이것은 나라의 비밀을 발설하면 이렇게 모욕을 당할 수 있다는 것을 보여주기 위함이었다. 이처럼 수고는 부하를 부하로 대우하지 않았고 이것으로 인해 수고와 위제는 지독한 보복을 받게 된다.

　범수는 거적 속에서 보초에게

　"나를 살려주면 반드시 은혜를 갚겠다."

　라며 구원을 청했다. 보초는 꾀를 내어 거적에 싸인 시체를 버리겠다는 승낙을 청했다. 그러자 술에 취한 위제는 '그렇게 하라'고 했다.

　구사일생으로 살아난 범수는 진秦나라로 들어가 소왕 밑에서 재상이 되었다. 소왕은 범수의 계략에 따라 위나라와 한韓나라를 공격한 다음 조趙나라의 40만 대군을 장평長平서 물리치고 수도 한단을 포위했다.

　한마디로 소왕은 수고나 위제와 달리 자신 밑에서 일하는 부하를 가족처럼 대접한 것이었다. 성공한 범수는 사재를 털어 과거 자신이 어려웠을 시기에 도와준 모든 사람들에게 은혜를 갚았다. 이와 함께 자신과 원한이 있던 사람에게는 반드시 그

원한을 되갚아주었다. 수고는 모욕적인 대우를 받다가 죽었으며 위제는 도망자로 살다가 자살했다.

　현대의 조직사회에서도 부하들을 바르게 이해하고 대우하지 않는 상사는 결국 곤욕을 치룰 수밖에 없다는 교훈이다.

리더는 전략을 짜고 계획을 세워야 민중들이 이익을 얻는다.

得而勿有 居而勿守
득이물유 거이물수

【原文】 재물을 얻으면 소유하지 말고 남의 거처를 얻으면 지키지 말라.

견고한 땅을 얻었다면 지키고 험한 좁은 길을 얻었다면 차단시키며, 고역하기 힘든 곳을 얻었다면 그곳에 머문다. 다시 말해 성을 얻었으면 공을 세운 자에게 나눠주고 토지와 재물을 얻었으면 군사들에게 나눠주는 등 절대로 독차지하지 말아야 한다.

적이 움직일 때 그들이 노리는 아군의 약점을 파악하고 적이 가까이 다가오면 적의 급습을 대비하며, 적이 강하면 겸손하게 피한다. 적의 세력이 강하면 쇠퇴하길 기다리고 적이 횡폭하면 조용히 기다리며, 적이 안하무인이면 정의로 바로잡는다. 적이 뭉쳐져 있으면 분리시키고 적의 동태를 살펴 출병을 조정하며, 기세에 따라 격파한다. 유언비어를 퍼뜨려 적의 판단력을 흩트리고 그물로 고기를 잡듯 사방에서 적을 조여 궤멸시킨다.

하지만 얻은 것을 소유하거나 지금 있는 곳을 무조건 고수하겠다고 생각해선 안 된다. 성읍을 함락시킨 후 그곳에 안주하지 말고 자립시켜 자신의 휘하에 두어도 소유는 금물이다.

전략을 짜고 계획을 세운 것은 본인이지만 이익을 얻은 것은 군사들이다. 따라서 소유물에 집착해 소탐대실하지 말아야 한다.

이렇게 함으로써 제후가 되거나 제후를 다스리는 천자로 우뚝 서는 것이다. 따라서 성城이 시市에 자치권한을 부여해 자립토록 해야 한다. 결론적으로 소유하지 않고 지배한다는 것은 가장 이상적인 행위이다.

지도자의 폭정은 민중들을 잔학하게 만들 뿐이다.

上行虐 則下急刻
상 행 학 즉 하 급 각

【原文】 윗사람의 포학한 행동은 아랫사람들이 급하고 각박해진다.

경영주(사주)가 간부를 학대하면 간부는 자신의 분풀이로 부하에게 그 학대를 고스란히 전달한다. 동서고금의 모든 역사가 이런 흐름 속에서 백성들이 괴롭힘을 당해왔던 것이다. 반대의 경우가 진리였던 경우도 많았기 때문에 사기史記의 내용을 소개한다.

역산歷山의 농부들은 밭두렁 하나라도 자신의 것으로 만들기 위해 옆 땅을 침범하면서 싸우는 경우가 많았다. 그러자 순舜임금이 역산으로 내려가 밭을 일구자, 1년 만에 농부의 다툼이 사라지고 서로 양보했다.

뇌택雷澤의 어부들은 어장을 빼앗기 위해 다투고 있었는데, 순임금이 뇌택으로 내려가 고기를 잡자, 1년 만에 어부들의 다툼이 사라지고 서로 양보했다.

하병의 도기陶器는 비뚤어지고 잘 부서졌는데, 순임금이 하병으로 내려가 도기를 만들자, 1년 만에 도기가 삐뚤어지거나 부서지지 않았다.

이처럼 순임금이 사는 곳이 어디냐에 따라 1년 만에 부락이 만들어지고 2년 만에 마을로 변신했다. 하지만 이 내용에 대해 한비자는 순임금을 이렇게 비판했다.

"순임금이 나쁜 것을 고치는데 1년에 하나, 3년에 겨우 3개였다. 순임금의 행동엔 한계가 있고 수명도 마찬가지다. 하지만 세상의 악과 불의는 끊임없이 나타난다. 한계가 있는 방법으로 이것에 대처한다는 자체가 악을 확산시킬 뿐이다. 그렇기 때문에 상벌이 천하의 백성들을 복종시킬 수 있는 유일한 방법이다. 만약 '기준에 맞으면 상을 주고 그렇지 않으면 벌을 준다'는 법령이 공포되어 이른 아침에 퍼진다면 저녁 때 잘못됨이 고쳐지고, 저녁때 퍼진다면 다음 날 아침에 고쳐지기 때문에 10일이면 방방곡곡의 잘못이 개선될 것이다. 이런 방법을 사용하지 않고 왜 1년씩이나 기다려야 하는가?"

물론 그의 비판도 틀리지는 않지만, 인간은 어떤 일을 이해하기 위해서는 시간이 필요하다. 이해시키려는 노력도 없이 하나의 법률로 개선한다면 물론 일시적인 효과는 있을 것이다. 그렇지만 이것은 '윗사람의 포학한 행위'에 불과할 뿐이다. 역사가 말해주듯 진시황제의 폭정으로 수많은 백성들이 얼마나 잔학해졌는가를 짐작해보면 이해될 것이다.

장수의 결점은 나라에 화를 불러일으킨다.

將 有一則衆不服 有二則軍無式 有三則下奔北
장 유일 즉 중 불 복 유 이 즉 군 무 식 유 삼 즉 하 분 북

有四則禍及國
유 사 즉 화 급 국

【原文】 장수에게 결점 하나가 있으면 병사들이 불복종하고, 결점 두 가지가 있으면 병사들이 본받지 않고, 결점 세 가지가 있으면 병사들이 패하여 달아나고, 결점 네 가지가 있으면 나라에 화가 미친다.

　장수에게 결점 하나가 있으면 병사들이 불복종하고, 결점 두 가지가 있으면 병사들이 본받지 않고, 결점 세 가지가 있으면 병사들이 패하여 달아나고, 결점 네 가지가 있으면 나라에 화가 미친다.

장수의 결함은 다음과 같다.
1. 충고를 받아들이지 않으면 유능한 부하들이 떠난다.
2. 계획을 머뭇거리면 입안자들이 떠난다.
3. 선악이나 부하들의 장단점을 구분하지 못하면 부하들이 의욕을 잃는다.
4. 남의 말을 무시한 독단적인 업무추진은 부하들이 책임을 떠넘기고 무책임해진다.
5. 중상모략과 아부를 좋아하면 주변사람들의 마음이 떠난다.
6. 재화를 탐하면 부하의 부정을 막을 수 없다.
7. 자기생활이나 집안일만 생각하면 부하들의 질서가 혼란해진다.

지극한 정성으로 예우하면 훌륭한 인재가 모인다.

祿賢 不愛財 賞功 不踰時 則下力併 敵國削
녹현 불애재 상공 불유시 즉하력병 적국삭

【原文】 어진 자에게 녹봉을 줄 때는 재물을 아끼지 말고 공이 있는 자에게 상을 줄 때는 때를 넘기지 말며, 아랫사람들이 힘을 함께 쏟으면 적국의 영토가 줄어들게 된다.

지극한 정성으로 예우하면 지혜와 능력 있는 인재가 모이고, 물질적인 대우가 좋으면 절개와 의리 있는 용사들이 열심히 일한다. 즉 능력 있는 인재를 대우할 땐 재화를 아끼지 말고, 공적이 있을 땐 때를 놓치지 말고 포상해야 한다. 이렇게 되면 부하들은 혼연일체가 되어 싸우고 일하기 때문에 당연히 영토가 확장되는 것이다.

'지극한 정성으로 예우한다.'의 모델은 유비의 '삼고三顧의 예禮'이다. 후한後漢 말년 천하가 몹시 혼돈스러웠다. 각 지방마다 할거한 영웅들은 서로가 죽기 살기로 싸우면서 서로를 멸망시켰다.

이때 조조는 조정에 앉아 천자를 배경으로 제후들에게 호령했고, 손권은 동오에서 군사들과 문신, 무장 등의 많은 인재를 곁에 두고 있었다.

하지만 유비는 큰 뜻은 있었지만 병마가 적고 지방도 소읍이

기 때문에 그들과 비교할 수가 없었다. 어느 날, 유약한 유비에게 서서徐庶가 찾아왔다. 서서는 융중隆中에 은거하는 제갈공명 친구중의 한사람이었다. 서서는 박학다재해 큰일을 함께 할 수 있는 인물로 제갈공명을 천거했다. 유비가 먼저 부탁했다.

"그분을 모셔올 수는 없겠습니까?"

이에 서서는 이렇게 대답했다.

"유비께서 직접 찾아가면 만날 수는 있지만, 모셔올 수는 없을 것입니다."

시간이 흐른 뒤 유비는 의형제 관우關羽, 장비張飛와 함께 선물을 들고 융중의 제갈공명을 찾아갔다. 때마침 제갈공명이 집을 비웠기 때문에 이들은 실망하며 되돌아왔다. 얼마 후 유비, 관우, 장비는 내리는 눈을 맞으며 또다시 융중을 찾았지만, 이번에도 제갈공명이 출타중이라고 했다.

성질이 급한 장비는 체념하고 돌아가자고 말했다. 이에 유비는 제갈공명에 대한 지극한 정성어린 마음과 함께 천하를 구한다는 큰 뜻을 편지로 남겨두고 되돌아왔다. 며칠 후 유비는 목욕재계하고 세 번째로 융중의 제갈공명을 방문하려고 했다.

하지만 관우가 제갈공명은 소문만 무성할 뿐 훌륭한 인물이 아닐 수도 있다며 유비의 융중 방문을 극구 말렸다. 장비 또한 혼자 찾아가 제갈공명을 데려오겠다며 유비를 막았다.

유비는 장비와 관우를 설득해 세 번째로 융중을 방문했다.

집에 도착했지만 제갈공명은 낮잠을 자고 있었다. 유비는 그의 낮잠을 방해하지 않으려고 관우와 장비를 대문 밖에서 기다리게 했다.

자신은 제갈공명이 낮잠 자는 옆에 서서 조용히 기다렸다. 몇 시간 후 제갈공명은 낮잠에서 깨어났다. 유비와 공명은 인사를 나눈 다음 자리를 함께 했다. 이에 제갈공명은 유비가 큰 뜻을 품고 있다는 것과 자신을 지극한 정성으로 생각함에 감격했다. 이것은 유비의 훌륭한 용병술임을 현대인들이 반드시 알아야 한다.

장수를 간섭하지 말아야 나라에 화가 미치지 않는다.

將 可樂而不可憂 謀 可深而不可疑
장 가 락 이 불 가 우 모 가 심 이 불 가 의

【原文】 장수를 즐겁게 해주고 근심하게 만들지 말아야 하며, 계책은 깊게 하고 의심스럽게 만들지 말아야 한다.

상사가 되면 초조함을 버리고 여유가 있어야 하며, 항상 즐거운 마음으로 처신해야 한다. 또 걱정과 불안을 품거나 그것을 내색하지 말아야 한다. 계획은 항상 깊이 생각하면서 믿고 결정하면 의심하지 말고 추진해야 한다. 만약 상사가 불안에 떨거나 신뢰를 잃고 계획에 의심을 품는다면 경쟁자에게 유리함을 제공해주고 결국 성공하지 못한다.

건원建元19년(서기 383년) 7월, 전진前秦의 부견符堅은 동진東晉을 공격하기 위해 동원령을 내렸다.

부견은 손수 대군을 출동시켜 9월에 동진의 항성項城을 공략한 다음 그곳에 주둔했다. 부용의 선봉부대는 회하淮河 북쪽기슭 영구潁口에 진을 구축하고 비수 서쪽기슭의 수양壽陽을 공격했다.

출격직전에 사현은 재상 사안과 전술전략에 대해 회의를 열었다. 이때 전술에 대한 의견을 사안에게 묻자, 그는 태연하게 말했다.

"미리 손을 써놓았기 때문에 군사만 이끌고 싸우기만 하면 됩니다."

이 말에 불안한 사현은 동료 장현張玄을 보내 다시 한 번 사안의 전술전략을 물어오라고 명했다. 이때 사안은 찾아온 장현에게 자신의 별장에서 바둑이나 두자며 제안했다. 바둑실력이 뛰어난 장현은 사안보다 한수 위였기에 매번 이겼다. 하지만 이날만은 내일의 출정을 고민하고 있었기 때문에 사안에게 번번이 패하고 말았다.

장현이 돌아가자 재상 사안은 별장에서 하루 종일 즐겁게 놀다가 밤늦게 돌아왔다. 적이 코앞에 있는데도 전혀 동요하지 않고 승리에 대한 자신감만 가득했다. 이를 지켜본 문무백관들 역시 마음이 차분해졌고 승리에 대한 확신을 가지게 되었다.

얼마 후 전진의 부견은 후원군이 도착하기 전에 맹공을 퍼부었고, 동생 부융은 10월이 되어 수양성을 함락시켰다. 이때 부견은 '동진의 병력 수가 소수이고 식량마저 떨어져 전의까지 상실했다'는 거짓정보에 속아 8천 경기병을 출동시켜 수양으로 달려갔다.

이것은 동진이 전진의 군대를 궤멸시킬 수 있는 절호의 찬스였다. 막 도착한 전진군은 전군이 집결하지 못했다. 또 주력부대가 항상에 머물고 있을 때 수양에 있는 부견을 물리치면, 전진군은 전 전선에서 무너진다는 것이 사안의 생각이었다. 이윽고 동진군의 공격이 시작되고 상황은 예측한대로 전개되었다.

더구나 전진에게 불리한 징조는 부견이 자신들의 작전계획에 의심을 가진 것이었다. 부견은 곳곳에 적병이 숨어 있다는 착각으로 불안했던 것이다. 그 결과 전진군은 각처에서 패배하고 모래성처럼 무너지면서 퇴각했다.

　승리의 소식은 수도 건강建康으로 전해졌는데, 이때 사안은 집에서 친구와 바둑을 즐기고 있었다. 사석장군으로부터 올라온 승리의 보고서를 읽은 사안은 바닥에 내려놓고 태연하게 바둑을 두었다. 이런 행동이 궁금한 친구가 묻자 이렇게 대답했다.

　"아무것도 아닐세. 벌써 젊은이들이 부견을 물리쳤다는군."

　그의 말에 친구는 바둑판을 밀치고 급히 승전보를 알리기 위해 뛰어나갔다. 혼자가 된 사안은 안방으로 들어가기 위해 일어났다. 그제야 그는 미칠 듯한 기쁨에 젖어 문지방을 넘을 때 실수한 것도 알지 못했다.

　상사가 냉정하게 일을 추진한다면 상황이 반드시 유리해진다. 해결하기 어려운 일에 직면해도 냉정하고 즐거운 태도로 추진한다면 쉽게 해결될 것이다.

장수가 사졸들과 동거동락해야만 백전 백승할 수 있다.

夫將帥者 必與士卒 同滋味而共安危可
무장수자 필여사졸 동자미이공안위가

【原文】 장수는 반드시 사졸과 맛있는 음식을 함께 먹고 안위(편안함과 위태로움)를 함께 해야 한다.

장수는 사졸들과 함께 식사하고 안락과 고난을 함께 겪을 정도로 도량이 깊어야 한다. 그러면 사졸들의 사기가 하늘을 찌르고 전쟁에서 적을 향해 용감하게 싸울 수 있다. 한마디로 이런 부대는 백전백승한다.

예를 들면 어떤 사람이 전쟁터로 나아갔을 때 술을 대나무통에 넣어 장군에게 선물했다. 장군은 혼자 마시지 않고 술을 냇물에 쏟아 사졸들과 함께 냇물을 마셨다. 이로써 사졸들은 그 장군을 위해 목숨을 걸겠다는 결심했다.

병사들과 숙식을 같이하고 상처의 고름을 입으로 빨아낸 명장 오기吳起의 이야기는 대대로 유명한 일화로 전해지고 있다. 이처럼 사졸들을 진심어린 마음으로 대했기 때문에 명장이 된 것이다.

명明나라 때 효종孝宗이 죽자, 무종武宗이 등극했다. 이후 무종은 내시 유근劉瑾에게 모든 정사와 인사권을 넘겨주고 밤낮

향락에 빠져 살았다.

특히 뇌물이 만연했고 이를 비판하는 충신들은 감옥행뿐이었다. 왕양명王陽明 역시 상소를 올렸다가 유근의 미움을 받아 정장 40대를 맞고 귀주貴州 용장역龍場驛 역승驛丞으로 좌천되었다. 용장은 풍토병이 만연되고 독사와 해충이 많은 곳이었다. 더구나 이민족들과 말도 통하지 않았고 거처할 집도 없었다. 그래서 왕양명은 흙을 빚고 나무를 베어 집을 짓는 일부터 시작했다. 또한 식량도 화전을 일궈 자급자족했다.

이런 악조건 속에서 생활하는 동안 하인들이 병에 걸리고 말았다. 그래서 왕양명은 손수 나무를 마련하고 물을 길어서 죽을 쑨 다음 병든 하인들에게 먹였다. 이를 본 용장 이민족들은 왕양명의 집을 찾아오고 그들과 친하게 되었다. 그들은 화려한 문화를 가진 세련된 사람들은 아니었지만, 꾸밈없고 소박한 마음을 가진 착한 사람들이었다.

어느 날, 사주思州 지사知事가 파견한 사자가 용장역을 찾아와 왕양명에게 모욕을 준 일이 생겼다. 이를 지켜본 용장 이민족들은 사자를 죽을 만큼 두들겨 팬 다음 쫓아버렸다. 왕양명과 주민들 사이에 민족, 문화, 지위, 교양 등의 외적인 관계를 초월한 마음적인 연계가 있었던 것이다.

이때 왕양명은 「심즉리心卽理」의 경학經學을 만들었으며, 우주는 나에게 있고 모든 사람은 성인聖人이란 신념을 갖게 되었다.

강공과 수비의 조화만이 싸움에서 적을 물리칠 수 있다.

能柔能剛 其國彌光 能弱能强 其國彌彰
능유능강 기국미광 능약능강 기국미창

【原文】 부드럽고 강하면 그 나라가 더욱 빛날 것이고 약하고 강하면 그 나라가 더욱 두드러진다.

전국시대戰國時代 조趙나라에는 이목李牧이란 장군이 있었는데, 그는 대代에서 안문을 지키면서 흉노침입을 방어하고 있었다. 그는 관리를 등용해 모든 조세를 군대가 거둬들여 군대 유지비로 사용했다. 매일 여러 마리의 소를 잡아 군사들에게 먹이고 사격과 승마훈련을 시켰다. 또 흉노침입을 알리는 봉화를 배치해 연락체계를 만들고 간첩을 투입해 적의 동태를 정찰했으며, 군사에 대한 배려를 꼼꼼하게 챙겼다.

그런 다음 이렇게 포고했다.

"흉노가 약탈을 위해 침입하는 즉시 가축을 성내로 들이고 성을 굳게 지키기만 하라. 만약 내 명령 없이 흉노와 싸우는 자는 참수하겠다."

이 포고 뒤부터 흉노가 습격해오면 봉화로 연락했고, 군대는 가축을 성내로 들여보낸 다음 수비만 굳게 할뿐 전혀 싸우려는 낌새가 없었다. 따라서 이목이 지키는 조나라의 북방국경은 손해가 전혀 없었다.

하지만 흉노는 이목을 겁쟁이라고 생각했고, 이목 부하인 국경수비대 군사까지 겁쟁이라고 비난했다. 이에 조나라 왕은 이목을 힐책했지만, 그는 자신의 전략을 변경하지 않았다. 화가 난 조나라 왕은 이목을 소환하고 다른 사람을 대장으로 임명했다.

그 후 1년 동안 신임대장은 흉노가 침입할 때마다 출격해 싸웠지만, 우세한 흉노기병과의 싸움은 거의 불리했다. 더구나 싸움 때마다 가축의 손해가 막대했고 방목이 불가능할 정도였다.

조나라 왕은 이목을 국경수비대 대장으로 재임명하려고 했다. 그러자 이목은 병을 핑계로 대문을 굳게 걸고 왕명에 따르지 않았다. 또다시 조나라 왕이 청하자 이렇게 말했다.

"저를 보내려면 과거에 제가 펼쳤던 정책을 재사용해도 좋다는 허가를 해주십시오. 그러면 명을 받아 부임하겠습니다."

조나라 왕은 이목의 요구를 승인했고 부임지에 도착한 날부터 예전의 방법으로 흉노침입을 막았다. 그러자 흉노는 아무것도 약탈하지 못했고 여전히 이목을 겁쟁이로 생각했다. 이목의 부하들은 포상을 받고 있지만, 실제는 싸움을 하지 않았기 때문에 흉노와의 결전을 원하고 있었다. 이목은 전차 1천3백대, 기마 1만3천두, 죽음을 불사하는 용사 5만, 저격수 10만을 선발해 하루도 빠짐없이 전투훈련을 실시했던 것이다.

어느 날 이목은 주민들을 성 밖으로 내보내 많은 가축을 방목케 했다. 이를 염탐한 흉노는 즉시 침입해왔다. 그러자 이목은 일부러 퇴각하면서 수천 명의 사람들을 들에 남겨두었다. 흉노왕은 이런 상황을 보고받고 대군을 이끌고 대대적인 공격을 해왔다. 이목은 군사를 좌우로 전개시켜 흉노대군을 포위해 기병 10만을 참살했다.

이목은 이런 여세를 몰아 흉노의 땅 담람을 점령하고 동호東湖를 격파했으며, 임호林湖까지 항복시켰다. 이때 흉노왕은 도망갔고 이후 10년 동안 조나라 국경에 그림자도 얼씬거리지 않았다.

이것은 강공만이 능사가 아니라는 것을 보여주는 좋은 예이지만, 수비만해서는 승리할 수가 없다. 그래서 강함과 유함을 함께 가져야만 모든 일이 제대로 풀리게 되는 것이다.

장수로서 장수가 갖춰야할 원칙이 있다.

將能淸能淨 能平能整 能受諫 能聽訟 能納人
장능청능정 능평능정 능수간 능청송 능납인

能採言 能知國俗 能圖山川 能表險難 能制軍權
능채언 능지국속 능도산천 능표험난 능제군권

【原文】 장수는 반드시 청렴하고 결백해야 하며, 반드시 공평하고 정제되어야 하며,
반드시 타인의 말을 받아들여야 하며, 반드시 송사를 다스려야 하며, 반드시
인재를 취해야 하며, 반드시 남의 말을 경청해 채택해야 하며, 반드시 적국
의 풍속을 알아야 하며, 반드시 산천의 지도를 그릴 줄 알아야 하며, 반드시
험난한 곳을 표시해야 하며, 반드시 군권을 통제해야만 한다.

장수는 반드시 청렴하고 결백해야 하며, 반드시 공평하고 정
제되어야 하며, 반드시 타인의 말을 받아들여야 하며, 반드시
송사를 다스려야 하며, 반드시 인재를 취해야 하며, 반드시
남의 말을 경청해 채택해야 하며, 반드시 적국의 풍속을 알아
야 하며, 반드시 산천의 지도를 그릴 줄 알아야 하며, 반드시
험난한 곳을 표시해야 하며, 반드시 군권을 통제해야만 한다.

다음은 상사나 간부들이 갖춰야할 조건들이다.

1. 청결할 것.
2. 냉정, 침착할 것.
3. 균형감각을 잃지 말 것.

4. 빈틈이 없을 것.

5. 주의나 충고를 받아들일 것.

6. 불평불만에 귀 기울일 것.

7. 큰 도량을 가질 것.

8. 양질의 의견은 받아들일 것.

9. 풍속과 습관을 무시하지 말 것.

10. 주변상황에 주의를 기울일 것.

11. 위험과 곤란을 분명히 밝힐 것.

12. 주도권을 쥘 것.

전국시대戰國時代 조趙나라에 재상 인상여藺相如가 있었다. 어느 날, 조나라 혜문왕惠文王이 귀한 화씨和氏의 구슬을 얻었다. 그러자 진秦나라 소왕昭王은 진의 15개 성과 바꾸자고 제안했다. 하지만 구슬을 줘도 진나라는 성을 주지 않을 것이고, 구슬을 주지 않으면 그것을 구실로 쳐들어올 것이 분명했다. 이래저래 곤란한 입장에 처한 혜문왕은 궁여지책으로 인상여를 사신으로 파견했다.

인상여는 진나라 왕을 만나 구슬을 건넸다. 순간 진나라 왕이 구슬을 돌려주지 않을 것임을 알아챘다. 그래서 그는 구슬에 흠이 있는 곳을 가르쳐주겠다며 구슬을 되돌려 받고는 돌기둥에 머리를 짓찧으며 말했다.

"진나라가 조나라를 속여 구슬을 빼앗으려고 한다면 내 머리와 구슬을 돌기둥에 부딪쳐 깨버리겠습니다."

그의 말에 진나라 왕은 구슬이 깨지는 것을 두려워한 나머지 인상여에게 사과하고 돌려보냈다.

이런 외교적 활약으로 인상여의 명성이 높아지자, 기분이 나빠진 조나라 장군 염파廉頗는 '인상여를 만나기만 하면 단단히 모욕을 주겠다' 며 벼르고 있었다.

이를 눈치 챈 인상여는 가능한 한 염파와 마주치지 않으려고 피해 다녔다. 외출 때도 저 멀리 염파가 있으면 수레를 돌려 피하거나 숨었다. 이에 부하들이 투덜거리자 인상여는 이런 말을 했다.

"난 진나라 왕도 무서워하지 않았다. 염파가 무서워 피하는 것이 아니다. 진나라가 조나라에 쳐들어오지 못하는 것은 나와 염파가 있기 때문이다. 만약 우리 두 사람이 싸운다면 누가 기뻐하겠느냐. 내가 염파와의 충돌을 피하는 것은 나라를 생각하기 때문이다."

이 말을 들은 염파는 자신의 질투가 부끄러워 인상여의 집 대문 밖에서 죄를 빌었다. 이후 두 사람은 '문경刎頸의 교우'를 맺었다. 이것은 서로 목이 떨어져 죽어도 무서워하지 않을 만큼 친한 사귐을 말한다.

따라서 상사는 다양한 조건을 두루 갖추도록 끊임없이 노력해야만 살아남을 수가 있다.

마음을 넓히면 세계를 덮고, 거두면 한 잔도 되지 않는다.

舒之 彌四海 卷之 不盈杯
서 지 미 사 해 권 지 부 영 배

【原文】 이것을 펼치면 사해를 가득 채우고, 이것을 거두면 한잔도 되지 않는다.

'날로 강해지면서 상대를 공격해 지배하려는 자들이 많지만, 스스로 마음의 낌새를 지키려는 자는 드물다' 라는 말이 있다.

마음의 낌새를 넓히면 세계를 덮을 수 있고 이것을 거두면 술잔에 찰 정도밖에 안 된다. 마음의 낌새를 간수하기 위해서는 창고가 필요 없고 이를 지키기 위한 성도 필요 없다. 마음의 낌새를 가슴에 간직하고 때에 따라 활용한다면 그 어떤 적도 물리칠 수 있다.

왕양명王陽明은 "모든 사물은 자신의 마음에 의해 존재하고 우주는 나의 마음에 의해 존재하는 것이다."라고 했다. 그래서 자유롭고 쾌활한 마음으로 업무를 처리한다면 자연스럽게 세계가 열릴 것이다.

구애받거나 속박되지 않는 자유롭고 활발한 마음을 지닌다는 것은 매우 어렵다. 이런 마음가짐을 비유한 고금담개古今譚

槪에 실려 있는 정자程子형제 이야기를 소개하겠다.

정자 형제는 정명도程明道와 정이천程伊川인데, 모두 송宋나라의 유명한 이학자理學者들이다. 어느 날 이들 형제는 친구연회에 초대가 되었다. 술좌석에는 아름다운 기녀가 참석해 노래를 부르고 술도 따랐다. 이때 동생 정이천程利川은 기녀들의 수작이 보기 싫어 곧바로 집으로 돌아왔다. 하지만 형 정도명程道明은 기녀들의 행동을 무시하고 술을 마시면서 즐겁게 놀다가 집으로 돌아왔던 것이다.

다음날 형의 행동에 화가 풀리지 않은 동생 정이천은 형의 서재로 달려가 비도덕적인 행위를 비난했다. 형은 동생의 융통성 없는 표정을 보며 말했다.

"아직까지 어제 일 때문에 기분이 풀리지 않았구나. 어제 술좌석에는 분명 기녀들이 있었지만, 내 마음 속에는 없었다. 오늘 이곳에는 기녀들이 없건만, 아직까지 네 마음에는 기녀들이 있구나."

형의 말에 고개를 떨어뜨린 동생은 자신의 학문과 수양이 형에 비해 부족하다는 것을 깨닫고 몹시 부끄러워했다.

이야기대로 형 정도명처럼 마음의 경지에 도달하면 얼마나 좋겠는가. 자연 속에서 '나'와 현상을 분리해 자신의 집착을 버릴 수만 있다면, 세계를 포용하는 폭넓은 경지에 도달할 것이다. 평상의 마음이란 바로 이런 상태를 말하는 마음의 경지인 것이다.

아첨꾼을 중용하는 리더는 성공할 수가 없다.

誣述庸庸 無善無惡 皆與己同

【原文】공이 있는 사람들을 무함하여, 선과 악을 가리지 않고 모두 자기와 동조케 한다.

간사한 아첨꾼 신하가 윗자리에 있으면 각처에서 불만이 발생한다. 이런 자는 권위를 내세워 스스로가 유능한 것처럼 보이면서 백성들의 의사를 무시한다. 더구나 이것저것도 아니기 때문에 매사 임기응변으로 아부와 아첨으로 자신의 공적을 거짓으로 꾸며댄다.

또 자신이 해야 할 일은 제쳐두고 명령을 전하지 않으며, 어려운 일은 뒤로 미루고 관례까지 버리는 이런 자를 중용하면 반드시 재난을 일으킨다.

한漢나라 때 장탕張湯이 장안관리로 근무할 때 무제武帝 어머니인 왕태후 동생 주양후周陽侯가 잡혀왔다. 이때 그는 자신의 모든 것을 바쳐 주양후를 도왔다. 이것을 계기로 그가 출옥한 후 장탕과 인연이 되었고 그 뒤로부터 그는 승진에 승진을 거듭했다.

주양후 형 무안후武安侯가 재상이 되면서 장탕을 사史로 임명해 무제에게 천거했다. 얼마 후 어사御史로 임명된 그는 사법을 담당했다. 이때 왕의 총애가 식은 진황후陳皇后가 왕의 총애를 받고 있는 위자부인을 살해하려던 사건을 맡아 진황후 일당을 엄히 다스렸다. 무제는 진황후를 패하고 위자부인을 왕후로 책봉하면서 장탕의 공을 생각했다.

이로 인해 그는 태중대부太中大夫로 승진했고 뒤이어 구경九卿의 하나인 소부小府가 되었다. 그가 말직관리일 때 뇌물수수에 장안의 호상들과 비밀리에 접촉하곤 했었다. 하지만 구경의 반열에 오르자 천하의 대부들과 교제했으며, 싫은 사람도 겉으론 받아주었다.

이즈음 무제가 유학儒學에 관심을 갖자, 이를 눈치 챈 그는 억지로라도 판결문에 유학 고전을 활용할 셈이었다. 이에 박사의 제자이며 유학 고전에 능통한 자를 정위의 사史로 임명했다. 죄가 불확실한 자를 결재 받을 땐 미리 무제에게 기초자료를 보낸 다음 의견을 받아 판결문을 작성해 죄의 유무죄를 판결했다. 그는 이것을 판례判例로 남겨 무제의 현명함을 은근히 치켜세웠다.

어떤 일을 상주해 견책을 받을 것 같으면 즉시 사과한 다음 무제의 의도에 따랐고, 평소 관심 있게 대하는 보좌관을 내세워 이렇게 아부했다.

"이 자들이 제출한 의견은 폐하께서 견책하신 것과 동일합니다. 그것을 채택하지 않은 저의 어리석음으로 폐하의 심기만 끼쳐드렸습니다. 폐하의 뜻대로 시행하겠습니다."

그는 무제가 처벌하고 싶은 죄인으로 판단되면 무조건 죄를 씌우는 엄한 보좌관에게 맡기고, 무제가 용서하고픈 죄인으로 판단되면 온화한 보좌관에게 맡겼다.

이처럼 무제의 심중을 정확하게 헤아려 죄인을 처리했기 때문에 그가 무제에게 "법상으론 유죄입니다. 하지만 현명하신 폐하께서 굽어 살피시어 판결해주시옵소서."라고 말하면 무죄로 방면시켰다.

그는 비록 아첨꾼이었지만, 대관大官이 된 후부터 언행이 신중해졌으며, 무제에겐 큰 해를 끼치지 않았다. 그렇지만 아첨꾼을 중용重用해 그의 농간에 좌지우지된 군주들 모두가 큰 재난을 겪었다.

붕당이 만들어지면 나라가 어지러워진다.

群吏朋党 各進所親 招擧奸枉 抑挫仁賢
군 리 붕 당　각 진 소 친　초 거 간 왕　억 좌 인 현

背公立私 同位相訕 是謂亂源
배 공 입 사　동 위 상 산　시 위 난 원

【原文】 여러 관리들이 붕당을 만들어 친한 사람만 등용시키고 있는데, 여기에 간사하거나 부정한 사람을 천거하고 인자와 현자를 배척하며, 공정함을 무시하고 사사로움을 앞세워 같은 동료를 비방하는 것들을 '난의 근원'이라고 한다.

우리들의 주변이나 역사 속에서 이와 같은 유형을 발견하기란 매우 쉽다. 고금에서 이런 어지러움으로 인해 대란이 일어난 경우도 많다. 특히 현대인에게 다시 한 번 생각해 볼 수 있는 교훈이기도 하다.

한漢나라 때 의종義縱이란 사람이 살고 있었다. 그는 어릴 때부터 군도群盜에 들어가 노상강도를 일삼았다. 그에게 후라는 누이가 있었는데, 의술을 배워 왕태후王太后의 총애를 한 몸에 받았다. 의종은 이런 누이 덕분에 상당군上黨郡의 현령으로 부임했다. 상당군은 그의 다스림이 엄하고 혹독했기 때문에 조세미납이 전혀 없었다. 이에 실적이 1등이라는 평가를 받아 장릉長陵과 장안長安의 현령으로 승진하게 되었다.

여기서도 그는 법을 앞세워 융통성 없는 가혹한 폭정을 휘둘

렸으며 귀족도 봐주지 않았다. 어느 날 수성군修城君의 아들 중仲을 체포해 조사할 때 무제武帝의 의중을 읽고 그가 원하는 대로 처리했다. 무제는 이런 의종을 유능인물로 생각해 하내河內의 도위都尉 벼슬을 내렸다.

도위에 부임하면서 지방호족인 양穰씨 일족에게 누명을 씌워 모두 처형했다. 이후부터 이곳 백성들은 놀라고 두려움에 떨었고, 길에 떨어진 사소한 물건이라도 절대로 줍지 않았다.

의종은 과거에 함께 도적질했던 장차공張次公을 천거해 관리로 만들었다. 장차공은 전쟁터에 나가 많은 공을 세우면서 안두후岸頭侯로 봉해졌다.

또 함께 도적이었던 영성寧成을 무제에게 천거했고, 그를 어떤 군의 태수에 임명하려고 했다. 하지만 어사대부御史大夫 공손홍의 반대로 관關의 도위都尉가 되었다. 그가 도위로 임명된 지 1년이 지났는데, 관을 출입하는 백성들은 '호랑이를 만날지언정 영성이 화를 낼 때 자리를 피해야 한다.'고 수군거렸다.

의종이 남양南陽 태수로 부임하자, 두주杜周가 그의 오른팔이 되어 권력을 휘둘렀다. 의종이 공孔씨와 폭暴씨 사람들을 법으로 누명을 씌워 죽이려고 하자, 두 가문의 사람들은 모두 도망쳤다. 그러자 그들의 재산을 모두 몰수했는데, 이때 두주가 큰 공을 세운 것이다.

이 공적을 인정받은 두주는 의종의 천거로 재판과 형벌은 담당하는 정위廷尉의 사史가 되었다가 곧바로 정위로 승진했다.

이때부터 두주는 무제의 의중을 물어 배척하는 자는 중죄를, 용서하고 싶은 자는 방면해주었다. 하지만 그의 판결이 법률에 의한 것이 아니라, 군주의 기분으로 재판해 죄를 다스린다는 비판을 받자 이렇게 둘러댔다.

"때에 따라 옳다고 인정되는 것이 판결이다. 전통으로 내려오는 법도대로 처리할 필요가 전혀 없다."

두주는 승승장구해 집금오執金吾가 되었는데, 상홍양桑弘羊과 위황후衛皇后의 형제를 체포해 엄하게 단죄했다. 이것으로 무제의 눈에 들어 사법장관인 어사대부御史大夫까지 올랐다.

중략 中略

사람의 지혜를 살리는 비결

리더의 비밀은 공신이라도 버려야 할 때는 과감하게 버리는 것이다.

夫人衆一合 而不可卒離 權威一與 而不可卒移
부 인 중 일 합 이 불 가 졸 리 권 위 일 여 이 불 가 졸 이

【原文】 군중을 한번 모으면 갑자기 해산시킬 수 없고 권위를 한번 주면 갑자기 옮길 수 없다.

하늘에 날고 있는 새들을 모두 잡는다면 활은 쓸모가 없어진다. 예를 들면 적국敵國이 멸망하면 지모知謀를 발휘하는 신하들은 쓸모가 없어 퇴출된다.

훌륭한 군주는 공을 세운 신하들에게 제후로 봉하고 높은 지위를 내리며, 영지와 진귀한 보물까지 하사해 여생을 편안하게 보낼 수 있도록 해준다.

인간은 한번 집단을 구성하면 그곳에 다양한 권리가 생기면서 좀처럼 해산되기가 어렵다. 다시 말해 권리와 위력이 한번 주어지면 쉽사리 포기할 수 없는 것이다. 더구나 싸움터에서 돌아온 부대를 해산시키려고 할 때, 간부들이 권리와 위세를 지키기 위해 반란을 도모하는 경우가 많다. 그래서 전쟁이 끝난 뒤 군대를 해산시키는 것은 매우 위험한 행위이다. 유능한 군주는 그 힘을 약화시키기 위해 높은 지위를 내리고 권위를 빼앗기 위해 영지를 하사하는 것이다. 이것이 패자霸者의 정략

인데, 권세를 지키려는 군주는 이것을 혼자만의 비밀로 간직해 정략적으로 이용한다.

사용자는 자신이 필요할 땐 진드기처럼 빨아먹고 그렇지 않으면 버리는데, 당하는 자의 입장에선 무척 억울하고 화나는 일일 것이다. 그래서 사람들을 한번 모으면 갑자기 떠나게 해서는 안 되고, 권위를 한번 주면 갑자기 옮겨서는 안 되는 것이다.

하지만 국가나 기업에서 가장 중요한 것은 조직을 존속시키는 것이기 때문에 개개인의 일에 신경을 쓸 수가 없다. 또 그 조직의 발전을 위해 유능한 인재를 모을 필요가 있다. 그렇지만 역할이 완수된 뒤에서 미련 없이 버려야만 한다. 만약 버리지 않는다면 국가나 기업의 조직이 존속될 수 없을 정도로 부작용이 나타난다.

그렇다고 쓸모없다며 무조건 버리게 된다면 이로 인한 저항이 커져 국가나 기업의 존립이 위태로워질 수도 있다. 그래서 공적에 따라 땅을 나눠주거나 제후로 봉해 평화로운 노년을 보낼 수 있게 만들어 주는 타협이 필요한 것이다.

권변은 시시각각 변화되는 상황에 따른 대응이 아니라, 임기응변이다.

乃攬英雄之心　與衆同好惡　然後　加之以權變
내 람 영 웅 지 심　여 중 동 호 악　연 후　가 지 이 권 변

【原文】 영웅의 마음을 사로잡아 대중들과 좋아함과 싫어함을 함께하게 나눈 다음에 권변權變을 더할 수가 있다.

　권세는 평상의 반대어로 일상성에 대한 비일상성, 필연성에 대한 우연성, 항상성에 대한 일시성 등으로 생각하면 된다. 권변은 시시각각 변화되는 상황에 따른 획일적인 대응이 아니라, 임기응변의 대처로 생각하면 된다.

　명明나라 무종 때인 정덕正德 14년(서기 1519년) 6월이었다. 영왕寧王 진호가 반란을 일으켜 근거지인 남창南昌에서 파양호를 거쳐 장강으로 내려오면서 구강九江 등을 점령하고 계속 진군해 안경安慶을 공격했다.

　강서江西 제독 왕양명王陽明은 무종의 명으로 진호의 반란군을 평정하기 위해 출병했다. 작전회의에서 부장部長들 중 남창을 먼저 공격하자는 의견과 안경을 먼저 구원하자는 주장들이 오갔다. 물론 안경이 공격받고 있어 즉시 구원하는 것이 우선순이었지만, 왕양명은 이렇게 말했다.

　"안경을 먼저 구원하게 되면, 남창과 구강의 적들이 아군의

퇴로를 차단하고 공격할 것이 분명하다. 그렇게 되면 아군은 등 뒤에서 적을 맞게 되는 꼴이 된다. 그래서 남창을 먼저 공격해야 한다. 이유는 이곳엔 수비하는 사졸도 적고 수비자체가 허술하기 때문이다. 또한 영왕은 우리가 남창을 공격했다는 보고를 받는 순간, 안경을 버리고 남창을 구하기 위해 올 것이다. 그렇기 때문에 우리는 적의 구원병이 도착하기 전에 남창을 함락시킨다면 그들의 사기는 바닥으로 떨어질 것이다. 더구나 이들은 남창으로 진격할 수도 그대로 돌아갈 수도 없는 진퇴양난에 빠질 것이다. 그때 우리가 공격한다면 적군을 섬멸할 수 있을 것이다."

말을 마친 왕양명은 오문정伍文定을 선봉으로 삼아 남창으로 진격시켰는데, 그가 예측한대로 작전이 적중했다. 진호는 안경에서 왕양명이 남창을 공격한다는 보고를 받은 즉시 군사를 되돌려 남창으로 향했다. 그러자 왕양명은 각 방면에 군사를 풀어 싸우게 했다. 격전이 되풀이 되었을 때, 초사樵舍에 불을 질러 배를 불태우면서 총공세를 펼친 결과 적을 평정하고 영왕 진호를 생포했다. 왕양명은 여세를 몰아 남강과 구강 등을 차례로 공격해 35일 만에 모두 평정시켰다.

이 전쟁은 상식을 초월한 의외의 작전으로 승리했기 때문에 권변權變이라고 한다. 권변을 우선순위로 따지자면 마지막 수단, 즉 불가피할 때 취하는 비상전략인 것이다. 그래서 마지막 수단인 권변을 처음부터 사용한다는 것은 사술인 것이다.

리더가 어진 사람인 척 흉내를 내면 반드시 자멸한다.

無使仁者主財
무 사 인 자 주 재

【原文】 인자仁慈에게 재물을 주관하게 하지 말라.

언변이 능통한 자에게 적의 장점을 듣지 말라. 이것은 아군이 현혹되어 동요되기 때문이다. 정에 약한 자에게 재물을 맡기지 말라. 이것은 돈을 잘 주기 때문에 심복이 생기는 것이다.

한비자韓非子의 내용이다.

제齊나라 경공景公이 진晋나라에서 평공平公과 술을 마셨는데, 옆자리에 사광師曠이 함께 했다. 술이 몇 순배 돌아가자, 경공은 정치에 대해 사광에게 가르침을 청했다.

"선생, 무엇이라도 좋으니, 한가지만이라도 가르침을 주시오."

사광이 대답했다.

"백성들에게 은혜를 베푸는 것입니다."

술자리가 끝날 때쯤 경공이 또다시 사광에게 말했다.

"선생, 무엇이라도 좋으니, 한가지만이라도 가르침을 주시오."

사광의 대답은 똑같았다.

"백성들에게 은혜를 베푸는 것입니다."

경공이 자리에서 일어나 숙소로 돌아갈 때 사광이 따라왔다. 또다시 경공은 정치를 어떻게 하면 좋은가를 사광에게 물었는데, 이번에도 사광의 대답은 똑같았다.

"백성들에게 은혜를 베푸는 것입니다."

잠자리에 들기 전 경공은 사광의 말뜻을 곰곰이 생각하다가 문득 '이것이구나!' 라며 무릎을 쳤다.

공자公子미尾와 공자公子하夏는 경공의 동생으로 제나라 백성들을 잘 다스렸다. 그들의 집은 부유했고 지위까지 높아 백성들은 왕실을 대하듯 존경했다.

하지만 경공은 사광의 말을 잘못 이해했다.

'이것이 바로 내 지위를 위험에 빠뜨리는 원인이었구나. 사광의 말은 동생들과 인기경쟁을 하라는 의미였구나.'

경공은 귀국 즉시 곡식창고에 쌓아둔 곡식을 방출해 빈민들에게 나눠주고, 물품창고를 열어 홀아비들과 과부들에게 주었다. 그러자 곡식창고는 바닥나고 물품창고까지 텅 비었다. 또 후궁들을 시집보내고 70세 이상 노인에게 연금을 주는 등 동생들과 인기경합을 벌였다. 2년이 지났을 때 동생인 공자 하는 초나라로 공자 미는 진나라로 도망쳤다.

결과적으로 경공은 인기경합에서 승리했지만, 선심성 경쟁으로 국가재정이 바닥이 났던 것이다. 즉 인자가 아닌 경공이 인자로 흉내를 냈기 때문에 나라가 망하게 된 것이다.

부하의 단점을 보완하고 장점을 살려주는 것이 리더의 책임이다.

使智使勇 使貪使愚
사 지 사 용 사 탐 사 우

【原文】 지혜롭고 용맹한 선비를 부리며, 탐욕스럽고 우매한 선비를 부린다.

　능력 있는 장군은 지혜가 있거나 용기가 있거나 탐욕스럽거나 어리석은 사람 등을 가리지 않고 잘 부려야 한다. 지혜가 있는 자는 지혜로 공적을 세우길 원하고, 용감한 자는 스스로 실천하길 바란다. 욕심이 많은 자는 이익을 위해 최선을 다할 것이고, 어리석고 둔한 자는 죽음을 불사하고 싸운다.

　이처럼 특성에 따라 얻을 것들이 있기 때문에 기업주나 간부사원은 부하들을 원활하게 부리는 방법을 알아야 한다. 이것이 바로 회사를 이끌고 순항하는데 필요한 기술인 것이다.

　열자列子에서 위와 같은 예제를 찾아봤다.

　어느 날, 제자 자하子夏가 공자孔子에게 질문했다.

　"스승님, 안회의 사람됨이 어떻습니까?"

　공자가 대답했다.

　"인의仁義의 마음이 나보다 훨씬 넓다."

　다시 자하가 질문했다.

"스승님, 자공의 사람됨이 어떠합니까?"

공자가 대답했다.

"변설재능은 내가 따라갈 수 없다."

자하는 계속해서 질문했다.

"스승님, 자로의 사람됨을 어떠합니까?"

공자가 대답했다.

"용감함을 도저히 내가 당할 수가 없다."

자하가 또 질문했다.

"스승님, 자장의 사람됨은 어떠합니까?"

공자가 대답했다.

"그의 중후함은 나보다 훨씬 무겁다."

자하는 이렇게 말한 공자의 말을 도저히 이해할 수가 없었다. 그가 일어서면서 이런 질문을 던졌다.

"그렇게 우수하다면 무엇 때문에 스승님에게 배우려고 합니까?"

공자가 자하를 물끄러미 바라보며 말했다.

"자하야, 앉아라. 안회는 인의에 통달했지만, 그것을 임기응변과 실정에 적응시키는 것을 알지 못한다. 자공은 변설엔 능통하지만, 겸허함이 부족하다. 자로는 무척 용맹하지만, 양보라는 것을 알지 못한다. 자장은 중후하지만, 다른 사람과의 협조가 부족하다. 이들에게는 장점도 있지만 단점도 있다. 그렇기 때문에 이들의 장점을 모두 합쳐도 나를 따라올 수가 없는 것이다. 그래서 나에게 배우려는 것이다."

이 세상 모든 사람들은 각자 훌륭한 장점을 가지고 있겠지만 그만큼 결점도 많은 것이다. 그래서 단점을 보완하고 장점을 찾아 그것을 충분히 활용시켜주는 것이 바로 사람을 다스리는 용병술인 것이다.

리더가 위엄을 잃으면 부하들은 오합지 졸이 된다.

無威則失權
무 위 즉 실 권

【原文】 (만약) 위엄威嚴이 없으면 권세를 잃는다.

상사는 덕이 있어야 하는데, 그렇지 않으면 부하들이 따르지 않는다. 또 위엄이 있어야만, 권력을 잃지 않는다.

삼국지「촉서蜀書 관장마황조전關張馬黃趙傳」의 이야기이다.

후한後漢 말 유비는 조조를 도와 여포呂布를 물리쳤다. 유비는 조조를 떠나 원소袁紹와 유표劉表에게 갔고 조조는 형주로 돌아갔다. 얼마 후 유비는 조조가 자신을 쫓고 있다는 보고를 받고 남강南江으로 피신했다. 이에 조조는 유비를 쫓아 밤낮으로 말을 달린 끝에 당양當陽 장판長阪에서 따라잡았다.

조조가 가까이 왔다는 보고에 놀란 유비는 처자식을 버리고 도망치면서 장비張飛에게 명해 20기의 병사로 뒤를 막게 했다. 장비는 강을 건넌 후 곧바로 다리를 끊었다. 그리고 눈을 부릅뜨고 장검을 비껴들면서 큰 소리로 외쳤다.

"조조야! 장비가 여기서 죽음을 각오하고 싸우겠다."

장비의 호통소리에 놀란 조조군사는 감히 접근조차 두려워

했고 이 덕분에 유비는 무사히 피신할 수가 있었다. 얼마 후 유비가 강남을 평정한 다음 장비를 의도태수宜都太首 겸 정로장군征虜將軍으로 임명하고 신정후에 봉했다.

유비는 익주益州로 들어가면서 태도를 바꿔 유장劉璋을 공격했는데, 이때 장비는 제갈공명과 함께 강을 거슬러 올라가 군현들을 평정시켰다. 이들은 여세를 몰아 강주江州까지 진격했다. 강주는 유장의 장군이며 파군의 태수 엄안嚴顔이 지키고 있었다. 장비는 맹공을 퍼부어 성을 함락시키고 엄안을 사로잡았다. 포승줄에 묶인 엄안에게 장비가 호통을 쳤다.

"이놈! 내가 왔는데, 항복하지 않고 무엇을 믿고 저항했느냐?"

"귀공은 왜 강주를 뺏으려고 하느냐. 강주에는 목을 자르는 단두장군斷頭將軍은 있지만, 투항장군投降將軍은 없다."

엄안은 두려운 기색도 없이 태연히 말했다. 장비는 화가 머리끝까지 치밀어 명령했다.

"여봐라! 저놈을 끌고 가 당장 목을 쳐라!"

하지만 엄안은 눈 하나 깜짝거리지 않고 위엄을 지키며 소리쳤다.

"장비야! 목을 치려면 빨리 쳐라! 왜 망설이느냐?"

그에게 감복한 장비는 직접 포승줄을 풀고 빈객으로 예우했다.

즉 덕德과 위威를 다르게 말하면 사랑愛과 힘力 또는 부드러움과 엄격함으로 풀이할 수 있다. 이런 상반된 덕과 위를 상사들은 반드시 지녀야 한다. 이에 대해 논어論語에서 공자는 '위엄이 있으면서 사납지 않다'까지 했다.

하략下略

예측하지 못한 일에 대비하는
비결

나라에 음란淫亂이 심해지면 나라가 망할 징조이다.

微者 危之階 乖者 亡之徵
미자 위지계 승자 망지징

【原文】 쇠미해짐은 위태롭게 되는 원인이고, 어긋남은 나라가 망할 징조이다.

논어論語미자편에 이런 기록이 있다.

'악사장樂師長 지摯는 제나라 땅으로, 제2의 조연자 간干은 초나라 땅으로 갔다. 제3의 조연자 요는 채나라 땅으로, 제4의 조연자 결은 진나라 땅으로 갔다. 북을 연주하는 숙叔은 하나라 땅으로, 파도를 연주하는 무武는 한수의 땅으로 들어갔다. 제1조연자 양과 경을 연주하는 양은 함께 해나라 땅으로 들어갔다.'

이것은 악단樂團이 해산되면서 멤버들이 여기저기로 흩어졌다는 것을 말한다. 악단은 현대에서의 악단을 말하는 것이 아니다. 옛날에 공자가 "인간의 교양은 시詩에 의해 생겨나고 예禮에 의해 일어서며, 음악에 의해 완성된다."고 했다. 이처럼 당시 음악은 인간의 교양을 완성시키는 임무와 정치를 위한 중요한 수단이었다.

악단이 해산되고 악사들이 각지로 흩어졌다는 것은 한 국가의 정치가 혼란스럽게 쇠퇴하고 있다는 표현이다.

사기에 적힌 은나라 말기에 대한 기록을 소개하겠다.

은나라 주왕은 점차 음란에 빠지고 멈출 줄 몰랐다. 이에 미자微子가 간언했지만 듣는 척도 하지 않았다. 그러자 대사大師와 소사少師들이 나라를 떠나고 말았다.

왕자 비간比干은

"신하는 죽음을 무릅쓰고 고해야 한다."

며 강력하게 주왕에게 간했다. 하지만 주왕은 화를 내면서

"성인의 심장엔 7개의 구멍이 있다고 한다."

라며 칼로 비간의 가슴을 갈라 심장을 꺼내보였다.

이것을 본 기자箕子는 두려워 일부러 미친척하고 노예가 되었지만, 주왕은 기자를 찾아내 체포했다. 은나라 악단의 대사(악사장)와 소사(제1 조연자)는 제기祭器와 악기를 챙겨 주나라로 도망쳤다. 이를 계기로 주나라 무왕武王은 제후들과 힘을 모아 은나라를 멸망시켰다.

난세를 구하기 위해 만들어진 것이 삼략三略이다.

夫兵者 不祥之器 天道惡之 不得己而用之 是天道也
부 병 자 불 상 지 기 천 도 악 지 부 득 기 이 용 지 시 천 도 야

【原文】병기란 상서롭지 못한 기물이기 때문에 천도가 싫어하지만 부득해서 사용하는 것이 곧 천도이다.

전쟁은 불상不祥(상서롭지 않음)의 기器(그릇)이고 자연의 법칙은 싸움을 싫어한다. 하지만 반드시 싸움을 하지 않으면 불리할 때가 있다. 그래서 어쩔 수 없이 싸우는 것 또한 자연의 법칙인 것이다. 전쟁이나 전투에서 승리하기 위한 다양한 연구가 담긴 삼략은 그야말로 전략서 중의 전략서이다.

그렇다면 어쩔 수 없이 싸워야하는 싸움이 정말 존재하는 것일까? 예를 들면 장자莊子칙양편則陽篇에 이런 내용이 수록되어 있다.

위魏나라 혜왕惠王은 제나라 위왕威王을 믿고 동맹을 맺었는데, 위왕이 동맹을 깨고 배신하고 말았다. 그러자 혜왕은 분개한 나머지 특공대를 투입시켜 위왕을 시해하려고 했다. 이에 위나라 장수 공손영은 부끄러운 일로 생각해 혜왕에게 고했다.

"임금께선 만승萬乘대국의 군주인데, 필부와 같은 방법으로

행동하려고 합니다. 저에게 20만의 군사를 내주십시오. 그러면 왕을 위해 정정당당하게 제나라를 쳐서 그의 백성들을 포로로 삼고 그의 우마를 빼앗겠습니다. 제나라 위왕은 이것을 고민하다가 등창이 날 것입니다. 그런 후 제나라를 평정하겠습니다. 그러면 제나라 장군 전기田忌는 싸움에 패배해 달아날 것입니다. 그때 그를 잡아 회초리로 등을 때려 등뼈를 부러지게 만들겠습니다."

이 말을 경청한 계자季子가 부끄러운 일로 판단해 또다시 왕에게 고했다.

"열길 높이의 성벽을 쌓기 시작해 완성되었을 때, 다시 그것을 허문다면 공사하는 백성들만 괴로울 것입니다. 지금은 전쟁이 사라진지 7년이나 되고 이것이 바로 왕업의 기초입니다. 전쟁을 좋아하는 공손연의 말을 들으시면 안 됩니다."

이번엔 화자華子가 듣고 부끄러운 일로 생각해 왕에게 고했다.

"제나라를 공격하기 위해 온갖 꾐의 말로 권유하는 것은 평화를 파괴하는 자들입니다. 또 제나라를 공격하지 못하게 말재주를 부리는 것도 평화를 파괴하는 자들입니다. 그리고 공격하라거나, 공격하지 말라거나 하는 것을 평화를 파괴하는 자들이라고 말하는 것도 평화를 파괴하는 자들입니다."

이 말을 들은 재상 혜자惠子는 며칠 후 대진인戴晉人을 시켜 혜왕을 만나 질문하게 했다.

"폐하께선 달팽이를 알고 계십니까?"

"알고 있다네."

"폐하! 달팽이 왼쪽 뿔엔 촉씨觸氏 나라가 있고, 오른쪽 뿔엔 만씨蠻氏 나라가 있습니다. 양쪽은 영토분쟁이 일어나 격렬하게 싸웠는데, 전사자가 수만 명이나 되었고 도망가는 적을 추격한지 보름 만에 싸움이 겨우 멈췄다고 합니다. 폐하께서는 이 이야기를 믿겠습니까?"

"그런 터무니없는 이야기를 누가 신뢰하겠소?"

"그렇다면 비유해보겠습니다. 폐하께선 우주의 위아래가 끝이 있다고 생각하십니까?"

"끝이 없겠지."

"물론 우주는 끝이 없습니다. 그곳에서 땅덩이를 내려다볼 때, 나라들이 보일랑 말랑할 정도로 미미한 것이 아니겠습니까?"

"흠~ 그렇겠군."

"그 나라들 중 위나라가 있고 위나라 안에 수도 대량大梁이 있으며, 수도의 궁궐 안에는 폐하가 계십니다. 또 한쪽에는 제나라가 있고 임금으로 위왕이 있습니다. 그래서 우주의 무한함에서 볼 때 폐하와 위왕이 전쟁을 하는 것이나, 달팽이 뿔위의 촉씨와 만씨가 전쟁하는 것이랑 무슨 차이가 있겠습니까?"

이 말을 이해한 위나라 혜왕은 제나라와의 전쟁을 포기했다.

몸의 기쁨만을 위하는 리더는 오래가지 않고 자멸한다.

樂人者 久而長 樂身者 不久而亡
락 인 자　구 이 장　락 신 자　부 구 이 망

【原文】 타인을 즐겁게 하는 자는 오래도록 길고, 자신을 즐겁게 하는 자는 오래가지 못해 망한다.

　여기서 말하는 악樂은 단순한 악기가 아니라, 사람들이 가정생활이나 친족 간의 화합을 즐기고, 일과 도시생활을 즐기고, 정부의 명령이나 도덕을 즐긴다는 것을 의미한다. 이것을 위해 임금은 음악을 만들어 인간관계와 조화를 잃지 않게 만들어야만 한다.

　따라서 덕이 많은 군자는 음악으로 사람들을 기쁘게 만들어주지만, 덕이 부족한 군자는 음악으로 자신만 즐기는 것이다.

　노魯나라 환공은 부인 문강文姜을 데리고 제나라 양공과 회의를 마친 다음 제나라로 가겠다는 생각을 했다. 이때 신유가 이렇게 말하면서 말렸다.

　"여자에겐 반드시 남편이 존재하고 남자에겐 반드시 아내가 존재합니다. 서로가 더럽혀지지 않으려고 노력함으로 질서가 잡히는 것입니다. 이것을 무너뜨린다면 재앙이 반드시 닥칠 것입니다."

하지만 노나라 환공은 신유의 말을 무시하고 제나라로 갔다. 노나라 환공은 원래부터 건강하지 못했다. 이것으로 부인은 남편 환공에게 불만을 가졌고, 그녀는 제나라에 도착한 다음 날 제나라 양공과 사통을 했다.

얼마 후 환공은 자신의 부인과 양공의 밀통사실을 알았다. 그래서 부인을 나무랐는데, 그녀는 이 사실을 양공에게 일러 바쳤다.

제나라 양공은 환공을 초대해 주연을 베풀었다. 부인이 숙소로 돌아왔을 때 환공은 이미 싸늘한 시신으로 변해 있었다.

노나라에 문강과 제나라 양공과의 사통이 알려지면서 비난의 목소리가 거세졌다. 그래서 돌아온 문강은 환공의 장례식이 끝난 후 상복을 입은 채 제나라로 도망쳤다.

어느 겨울 제나라 양공이 고분의 패구_{貝丘}에서 사냥을 하던 중 갑자기 큰 멧돼지가 나타났다. 그러자 부하와 사졸들이 이렇게 소리쳤다.

"공자 팽생이 나타났다!"

"뭣이! 팽생이 나타났다고!"

놀란 양공은 멧돼지를 향해 활을 쏘았지만, 멀쩡한 멧돼지는 사람처럼 뒷다리로 일어서면서 큰소리로 울었다. 이에 겁을 먹은 양공은 마차에서 떨어져 다리를 다쳤다. 일찍 궁으로 돌아온 양공은 숨어 있던 반란군 자객에게 시해되고 제나라는 큰 혼란에 빠졌다. 이것은 앞에서 전제한 '몸을 기쁘게 만드는 사람은 오래가지 않고 망한다.'의 좋은 본보기였다.

미래를 생각하지 않으면 가까운 시일에 근심이 닥쳐온다.

釋近謀遠者 勞而無功 釋遠謀近者 佚而有終
역근모원자 노이무공 역원모근자 일이유종

【原文】가까운 것을 버리고 먼 것을 취하는 자는 수고로움이 있어도 공이 없으며, 먼 것을 버리고 가까운 것을 취하는 자는 편안하고 좋은 끝이 있다.

공자가 말했다.

"먼 훗날 일까지 배려하지 않는다면 반드시 가까운 일로 근심에 휩싸인다."

물론 미래의 일까지 생각할 필요는 있겠지만, 사물은 대체적으로 가까운 것부터 해결하는 것이 원칙이고 좋다.

장자莊子에 실린 재미있는 이야기를 소개하겠다.

가난한 장주莊周는 감하후監河侯에게 쌀을 꾸러갔다. 그러자 감하후가 말했다.

"알겠소. 영지에서 세금이 들어오면 3백금을 빌려주겠소."

이 말에 장주가 불쾌한 표정으로 말했다.

"어제 이쪽으로 걸어오는데, 누군가 나를 부르는 소리가 들렸습니다. 뒤돌아보니, 사람은 없고 마차 바퀴자국에 붕어 한 마리가 있었지요. 내가 '붕어야, 거기서 뭘 하느냐?' 라고 묻자, 붕어가 이렇게 대답했습니다. '나는 동해에서 왔는데 물이 없어서 말라 죽기 일보직전입니다. 물을 떠와서 나를 살려 주시오.' 그래서 내가 '며칠 후 오월吳越지방으로 나들이를 가는데, 그때 서강西江물을 길어 살려주겠다.' 라고 했습니다. 화가 난 붕어가 '지금 나는 물을 잃어 내 몸을 의지할 곳이 없소. 약간의 물만 있으면 살 수 있는데, 어찌 태평스런 말만 하시오. 그때 가서 건어물 전에서 나를 찾으시오.' 라고 했습니다."

　여기에서 '철부지급' 이란 고사성어가 생겨났는데, 다급한 어려움을 비유한 것이다. 즉 당장 처리해야 할일을 뒤로 미뤄 놓고 먼 미래를 생각한다면 어떻게 되겠는가. 오늘 할일은 오늘 마무리 짓는 것이 능력 있는 자의 처세술인 것이다.

자기 자신과의 약속은 실행하기가 무척 어렵다.

舍己而教人者 逆 正己而化人者 順 逆者
亂之招 順者 治之要

【原文】 자신을 버리고 남을 가르치는 자는 거스리는 것이고, 자신을 바로잡고 남을 교화
시키는 자는 순하다. 거스림은 불란의 원인이고 순함은 다스림의 요점이 된다.

청清나라 말엽 유학자 증국번曾國藩은 말했다.

"남쪽 반대세력이 최초로 일어났을 땐 조리도 섰었고 간음 역시 엄히 다스려졌으며, 백성을 중히 여겼고 민간경작까지 편안했다. 하지만 지금은 도적떼가 급습하면 백성들은 경작한 농사까지 버린 채 사방으로 도망가는 판국이라, 오래 가지는 못할 것이다."

증국번은 호남지방의 민간의용군 상용湘勇을 조직, 태평천국 진압의 기초를 만든 유명한 정치가다. 1843년을 전후한 그의 일기에 '귀가한 후 안방에 들어갔다. 일대의 죄악이다. 삼계三戒를 세우다. 1. 금연禁煙 2. 말조심 3. 낮에는 안방출입 금지.' '또다시 정신이 이완되다. 구태의연하다. 지금부터 과제를 세워 신생인新生人이 되겠다. 반드시 금수가 되어선 안 된다.'

'또다시 낮에 안방출입 금지를 어겼다. 삼계를 세웠음을 벌써 잊었구나. 나는 금수가 될지언정 이런 후안무치로 옳은 사람이나 군자를 만날 수 있을까?' 라며 스스로의 고민과 갈등을 적고 있다. 사회에서 성공하려면 자신과의 싸움이 필요하다.

맹자孟子에 다음과 같은 이야기가 실려 있다.

맹자가 제나라 선왕에게 질문했다.

"어떤 신하가 처자식을 친구에게 맡기고 초나라로 여행을 떠났다가 돌아왔는데, 처자식이 굶주림과 추위에 떨고 있었습니다. 이런 친구를 어떻게 생각하십니까?"

"당연히 절교해야 마땅하오."

"형벌을 관장하는 사법장관이 제대로 수하들을 관리하지 않았다면 어떻게 하시겠습니까?"

"파면시켜야하오."

"정치가 제대로 돌아가지 않는다면 어떻게 하시겠습니까?"

이 말에 대답이 궁한 제나라 왕은 좌우로 눈치를 살피면서 화제를 돌려 넘어가려고 했다. 현대사회에서도 주변을 보면, 주제와 맞지 않는 엉뚱한 말을 늘어놓는 사람들이 부지기수이다. 마지막 질문은 그만큼 실행이 어렵다는 것을 대변하고 있는 것이다.

말보다 실제로 행동을 보여주는 참모들 이 지도자 주변에 많아야 한다.

千里迎賢 其路遠 致不肖 其路近
천 리 영 현 기 로 원 치 불 초 기 로 근

> 【原文】 천리의 현자를 맞이함은 그 길이 멀고, 불초不肖한 자를 오게 함은 그 길이 가깝다.

　유능한 군주는 힘이 들어도 훌륭한 인재를 영입하려고 노력한다. 그래야만 천하제패를 성취할 수 있는 기틀이 마련된다. 즉 인재를 영입해 그들을 소중하게 여긴다면 목숨 바쳐 군주를 돕는 것은 인지상정인 것이다.

　하지만 인재영입은 말처럼 쉽지 않기 때문에 쉬운 것을 택해 적당하게 처리해버리는 경우가 대부분이다. 그래서 훌륭한 인재들이 보이지 않는다.

　석분石奮은 15살부터 한고조를 모셨다. 고조는 석분의 신중한 태도와 공경심을 마음에 들어 했다. 하지만 고조의 진짜 속마음은 아름다운 그의 누이에게 쏠려 있었다. 결국 고조는 그의 누이에게 미인(첩의 계급 중 하나)의 첩지를 내려 후궁으로 삼았고, 석분 또한 시종으로 승진시켰다.

　석분은 이것을 시작으로 문제文帝때 대중대부太中大夫까지 승진했다. 비록 학문은 짧았지만, 공경심과 신중한 태도는 천하에 따를 자가 없었다. 어느 날 태자의 양육을 담당했던 장상여張相如가 면직되고 대신들은 후임으로 석분을 추천했다.

낭중령(궁전경비를 맡는 관서 책임자) 왕장이 벌을 받아 면직되었다. 이때 대신들은 석씨가문을 불언실행형不言實行型(말보다 실제의 행동으로 보여주는 유형)으로 부르면서 왕장의 후임으로 큰 아들 석건을 천거했다. 낭중령이 된 석건은 혼자서는 말을 잘했지만, 조정에선 말을 잘하지 못했다. 석경이 태복太僕(조정의 마차와 말을 돌보는 관리)으로 근무할 때 황제가 질문했다.

"이 마차는 몇 필의 말로 끌 수 있는가?"

석경은 채찍으로 말을 센 다음 손을 들어 말했다.

"네 폐하, 모두 여섯 필입니다."

죄를 지은 승상이 파면되면서 근직한 석경이 승상자리에 올랐는데 한나라가 여러 나라를 공격하던 시절이었다. 그래서 유능한 인물들이 교대로 구경이 되어 정무를 맡았지만 업무처리가 너무나 늦었다.

석경이 승상자리에 오른 지 9년이 흘렀지만, 황제나 대신들 앞에서 제대로 발언조차 못했다. 그러자 석경 스스로 임무를 수행하지 못함이 부끄러워 사직을 원했는데, 이에 황제가 화를 내면서 이렇게 나무랐다.

"그대는 백성들에게 동요를 일으켜 놓고 사임한다니, 그 책임은 누가 질 것이오?"

이 말에 석경은 황공해서 승상자리에 그대로 머물렀다.